奇迹就在拐角处

如何科学地预测不确定事件

[匈]拉斯洛·梅勒
(László Mérő)_著

徐英_译

中信出版集团|北京

图书在版编目（CIP）数据

奇迹就在拐角处：如何科学地预测不确定事件／（匈）拉斯洛·梅勒著；徐英译. -- 北京：中信出版社，2020.10

书名原文：The Logic of Miracles: Making Sense of Rare, Really Rare, and Impossibly Rare Events

ISBN 978-7-5217-2013-6

Ⅰ.①奇… Ⅱ.①拉…②徐… Ⅲ.①技术经济预测 Ⅳ.①F062.4

中国版本图书馆CIP数据核字（2020）第114343号

Copyright © 2018 by László Mérő and David Kramer
Originally published by Yale University Press
Simplified Chinese translation copyright © 2020 by CITIC Press Corporation
ALL RIGHTS RESERVED

本书仅限中国大陆地区发行销售

奇迹就在拐角处——如何科学地预测不确定事件

著　者：［匈］拉斯洛·梅勒
译　者：徐英
出版发行：中信出版集团股份有限公司
　　　　　（北京市朝阳区惠新东街甲4号富盛大厦2座　邮编　100029）
承　印　者：天津市仁浩印刷有限公司

开　本：880mm×1230mm　1/32　　印　张：8.75　　字　数：196千字
版　次：2020年10月第1版　　　　　印　次：2020年10月第1次印刷
京权图字：01-2019-4733
书　号：ISBN 978-7-5217-2013-6
定　价：68.00元

版权所有·侵权必究
如有印刷、装订问题，本公司负责调换。
服务热线：400-600-8099
投稿邮箱：author@citicpub.com

目 录

前　言 // III

第一部分　世俗世界的奇迹 // 001

　　第一章　何为奇迹 // 002
　　第二章　温和世界和疯狂世界 // 021
　　第三章　奇迹之源：哥德尔思想 // 042

第二部分　温和世界 // 065

　　第四章　正态分布的力量 // 066
　　第五章　温和世界的极端值 // 082
　　第六章　均衡之源 // 099

第三部分　疯狂世界 // 121

　　第七章　不可预测事件的数学模型 // 122
　　第八章　标度不变性 // 138
　　第九章　疯狂等级 // 157
　　第十章　疯狂世界的生活 // 178

第四部分　为不可预测事件做好准备 // 193

　　　　第十一章　适应疯狂世界 // 194
　　　　第十二章　反脆弱 // 209
　　　　第十三章　可转化知识 // 229

后　　记 // 247
注　　释 // 251
参考文献 // 261
致　　谢 // 271

前　言

本书是一本关于世俗世界"奇迹"的书。所谓奇迹，是指非同寻常的事件。这些非同寻常的事件极大地影响了世界经济，并迫使我们不得不改变思维方式，改变自我教育方式。现代数学可以帮我们了解奇迹如何运行，了解正面奇迹如何构建持续发展机制（我把持续发展机制称为"富人的废物堆"）。负面奇迹造成危机后，持续发展机制会帮我们进行自我纠正。危机和发展的动因都是奇迹。

我读纳西姆·尼古拉斯·塔勒布的畅销书《黑天鹅》（*The Black Swan*）的时候，萌发了写本书的想法。塔勒布把充满日常事件的世界称为平均斯坦（Mediocristan），把充满不寻常事件（尤其是坏事件，他所说的黑天鹅）的世界称为极端斯坦（Extremistan）。他还指出，描述平均斯坦的模型都过时了。

塔勒布的观点很有趣，当然也很深奥，但是他的某些观点我并不认同。首先，尽管我的数学取得了高学历证书，却完全读不懂塔勒布书中的数学表达。另外，我还发现他书中的结论令人难以置信。这一点并不是我的偶然发现。以前我写过几本教科书，也写过几本科普书。我在本书中挑战塔勒布的某些结论的同时，也提出了一些数学概念，不懂数学的读者也能读懂这些数学概念。

不过，写这本书时，我的思想出现了两大变化。首先，我发现，虽然极端斯坦的数学可以有效描述某些现象，但平均斯坦的古老的数学并没有过时。"平均斯坦"这个说法带有明显的贬义，所以我将世界重新命名为疯狂世界（Wildovia）和温和世界（Mildovia）。奇迹（非同寻常的事件）不仅会出现在疯狂世界里，也会出现在温和世界中。奇迹在两个世界里遵从不同的数学规则。本书将用同等篇幅讨论温和世界的数学和疯狂世界的数学。

其次，我意识到，虽然疯狂世界的一些现象（比如，股市崩盘、地震、战争）在现代世界里很常见，但是，我们依然应该尽可能地依据温和世界规则过我们的日常生活并组织我们的经济生活。疯狂世界的经济模型也许更加精确，但是，温和世界的经济模型可以更好地为我们服务。两种模型（即温和世界的普通与疯狂世界的动荡）自成因果。也就是说，当我们相信温和世界的经济模型时，的确得到了更具有温和世界特征的经济和社会；但如果相信疯狂世界的经济模型，它产生的心理效应则会导致政治和经济的动荡。

我相信，温和世界模型的人性对我们最有益：我们认为自己基本上是温和的文明人，而且认为战争、犯罪和暴乱是极端事件。相比之下，如果人性是疯狂世界模型，战争和其他不幸事件就会经常发生。也许，尽管我们是疯狂世界里的物种，但我们还是可以建设一个某种程度上文明的社会，只因我们自认为是文明人，因此依据

前　言

温和世界模型过着日常生活。

世界不会一直都是危机模式，但早晚会发生危机。该如何学会接受这一事实？我们必须做好迎接危机的准备，这样，即使危机来临，我们也不会遭到致命打击。首先，我们必须知道如何针对疯狂世界现象和温和世界现象构建两种不同的模型，一种模型针对普通事件（其中有些事件会比较特别），另一种模型针对极为罕见的事件。这两种截然不同的世界特征同时存在于我们的生活中。

本书包含一些数学知识。如果你读得懂，这些数学知识将会加深你对我要讲的内容的理解。如果你不希望读到数学内容但想了解奇迹本质，请跳过数学公式，只要关注一般概念就可以。如果你只了解一点数学，也不想深入了解它，建议你跳过那些复杂内容。不读这些内容，一点儿也不影响你对本书的理解。如果你想对主题做深入研究，请参考本书末尾的注释。

世界可能只有一个,
但是,
世界的呈现方式却是无限的。

第一部分
世俗世界的奇迹

第一章
何为奇迹

很幸运，宇宙大爆炸（the Big Bang）不会再次出现。否则，人类就不存在了。

我儿时的朋友亚历克斯现在成了一名成功的商人。亚历克斯不相信奇迹，但他的一大梦想是让一家匈牙利公司在纳斯达克证券市场上市。他认为，这个梦想体现了他对从小长大的那个中欧小国的热爱。至于这家公司是医学技术公司，还是能源供给公司或电脑游戏公司，都无所谓，但公司经营的东西必须新颖，有独创性，并且可以在全世界销售。只要有合适的公司，他都愿意投资。这也是他投资我的公司的缘由。我的公司当时名不见经传，处于辛苦经营中。

亚历克斯负责我公司的经营。正是那个时候，我才发现自己在经营方面有多么外行。但是，亚历克斯从不插手公司的技术事务，

第一章 何为奇迹

即使我在技术方面也像经营公司一样犯了几个严重错误。亚历克斯对公司的经营态度非常像IBM（国际商业机器公司）的创立者托马斯·约翰·沃森。有一天，IBM的一个行政主管找到沃森，向沃森承认因为自己的错误导致公司损失了1 000万美元。这位主管跟沃森说："开除我吧，我活该被开除。""开除你？"沃森回答道，"我只是为你交了1 000万美元学费。"[1]

出问题的时候，亚历克斯会引用他的商业导师常用的一句话，"总会有下一个挑战"，奇迹就在拐角处。这种想法让他工作时充满了激情甚至献身精神。当然，亚历克斯不会承认自己正在等待"奇迹"的出现。最近30年来，他每周都会不止一次地说："没有奇迹。"也许，这是他一直热情追求的奇迹从未出现的原因。尽管现在他有一家叫LogMeIna的公司上市了，但他的确从未成功地让一家匈牙利公司在纳斯达克上市。不过，通过他的努力，他工作过的很多公司和机构，以及他进行的投资，最后都很成功而且非常具有可持续发展性。

我认为，我们的世界是存在奇迹的。如果奇迹的确存在，那就意味着，理论上这些奇迹是可以进行科学研究的。但是，某个事件之所以成为奇迹，正是因为它是一次性事件，本质上不可能再次出现，所以也无法进行科学分析。如果是这样，那还怎么对这些奇迹进行科学研究呢？

所谓的科学方法是建立在所构建的模型基础之上的，这些模型可以通过不断重复的系统性的观察、计算和实验得到验证。如果实验验证了模型，模型产生了奇迹（意料之外、极不可能出现的事），那么，对这种模型的分析就是一种研究奇迹的完全科学的方法。比如，宇宙大爆炸不可能再现（起码人类无法让其再现，不再出现宇宙大爆炸对我们人类而言是件幸运的事。如果宇宙大爆炸再次出现，人类就不会存在了），但科学家可以借助模型来研究大爆炸。这些模型通过不断重复的实验得以构建、检验和改进。本书将采用类似方法，希望能说服（也许能说服）那些像亚历克斯这样的人相信：尽管我们不太相信这些奇迹，但奇迹事实上是存在的。

黑天鹅

纳西姆·尼古拉斯·塔勒布来自黎巴嫩。我年轻的时代，黎巴嫩有"中东瑞士"之称。多年来，黎巴嫩是血雨腥风和动荡不安的中东地区中一个少有的和平与繁荣之地。1967年和1973年阿以战争期间，黎巴嫩也一直是一片和平繁荣的景象。1975年，黎巴嫩发生了一次暴乱。但当时的黎巴嫩精英群体（包括塔勒布家）都没有意识到暴乱的严重性。他们以为，暴乱会自行消失，几天后社会秩序就会恢复。但最后，社会秩序并没有恢复，黎巴嫩全国陷入内战之中。塔勒布和家人最后不得不离开黎巴嫩。迄今为止仍然令人费解，一个繁荣兴旺的国家竟然会在一夜间完全崩溃。

沃顿商学院是美国顶尖的商业学院，塔勒布到美国后就在该院上学，并在那里学习了现代金融的最新理论。不过，他对他在学校里学到的很多理论并不认可。他认为，黎巴嫩一夜之间由天堂变成地狱这样的意外，所有复杂体系都有可能发生，只是不知道哪一天

第一章　何为奇迹

发生而已。金融市场也是个复杂体系,有一天也会出现这样的意外。作为投资者,他不想让自己的投资出现黎巴嫩那样的结局。所以,当他挣的钱足以创立一家投资公司时,他没有去开公司,而是采用了非正统的投资策略。他认为,如果他赌世界某个地方的经济迟早会像1975年的黎巴嫩那样突然崩溃,自己肯定会大赚一笔。(第六章会深入探讨塔勒布策略赖以构建的投资模式,第十章将会深入分析这些投资模式的利弊。)

塔勒布把他在沃顿商学院学到的知识用于投资活动,但他的投资方式不同于多数投资者。他对股市日常波动带来的轻松的短期收益不感兴趣。他的目标是:在经济出现大崩溃时获取巨大收益;同时,把日常损失维持在最低水平,直到大崩盘事件出现。塔勒布说,如果很长时间内没有发生灾难性经济事件,他就会慢慢流血到死,但他不会突然破产。

塔勒布的投资策略并不新鲜。各种卖空一开始(17世纪)是被禁止的,时至今日,是否应该允许卖空或应该允许在什么程度上卖空等问题,仍有争议。很多国家在2008—2009年金融危机期间制定了很多限制卖空的管控措施。[2] 之所以对卖空活动进行管控,是因为卖空策略会起到自证预言(self-fufilling prophecy)的作用,卖空本身会引起金融危机。第十一章会谈到,完全禁止卖空不仅对经济没有好处,还会危及经济。不过,有些管控措施还是非常合理的。近年来,各国越来越重视对卖空活动的监管,但是,塔勒布仍然有很多机会继续实施他的投资策略。

2011年9月11日,世贸中心恐怖袭击事件发生之后,全球股市崩盘，塔勒布一夜暴富。在探索如何更好地了解股市崩盘情况的同时，塔勒布一边继续实施自己的投资策略，一边开发他用以实现投资策略的软件。现在，塔勒布不仅可以进行更高风险的投资，而且可以应付更多卖空损失。

2008年全球金融危机让塔勒布成为亿万富翁。他说，尽管已经赚了数十亿美元，但是有很多东西他就跟以前一样一知半解，这些东西还需要他继续思考。[3]比如，他仍然不理解为什么黎巴嫩1975年会发生内战，也不理解为什么全球经济2008年会崩溃。他知道的只有一点，那就是，这个世界会偶然发生一些不可预测的意料之外的事，我们必须为此做好准备。塔勒布现在是专门研究灾难性事件（让我们称之为负面奇迹）的学术专家，但他的观点也适用于很多正面奇迹。

塔勒布将负面奇迹称为"黑天鹅"。2007年，《黑天鹅》[①]出版后，连续17周位列《纽约时报》畅销书榜首。尽管编辑已经尽力让《黑天鹅》更易读，但是，塔勒布的这本书仍然有很大问题，比如观点混乱、论点不清楚。虽然塔勒布在书中谈论金融哲学时东拉西扯，内容混乱，而且他因太过自信，所以用词过于傲慢（比如，他说每个诺贝尔经济学奖得主都是无知的怪物，乔治·索罗斯和其他华尔街高手完全凭运气成功，等等），但是我们不得不承认，塔勒布的确掌握了关于世界的一些重要信息，这是他这本书畅销的秘诀。尽管《黑天鹅》这本书写作风格糟糕透顶，但塔勒布的确很聪

[①] 这本书跟2010年达伦·阿伦诺夫斯基导演的同名电影或1954年托马斯·曼写的同名小说一点关系都没有。

第一章 何为奇迹

明,他知道应该在书中讲些什么,包括应该如何讲他的数学。[4]

塔勒布用黑天鹅指代那些几乎想不到却真正发生了的、对世界产生重要影响的事件。黑天鹅是不吉利的象征,因为人们一直认为天鹅天生就是白色的,如果出现一只黑天鹅,人们就会觉得不吉祥。尽管从未见过黑天鹅而且不知道有黑天鹅存在,但想象黑天鹅长什么样子并不难:黑天鹅就像一只普通的天鹅,只不过颜色是黑的而已。为什么想不到会有黑天鹅呢?澳大利亚的确有黑天鹅这个种群。但是,这不重要。德语版《黑天鹅》的出版商甚至都没有把黑天鹅放在书的封面上,它的封面上是一只折纸做的桃红色的天鹅。

《黑天鹅》(英文版)一书共 500 多页,但书里没有任何文字是针对"黑天鹅"这一术语的定义。他在书中列举了很多黑天鹅案例,比如黎巴嫩内战、苏联解体、柏林墙倒塌、伊斯兰教的产生和大的股市崩盘。不过,书中也列举了一些小的黑天鹅案例,比如,一本书莫名其妙地畅销或滞销。其他黑天鹅事件包括俄国叶卡捷琳娜二世的众多情人(塔勒布在脚注中指出,叶卡捷琳娜二世有 12 个情人,按照今天的标准来看,这个数字不算太大)、2004 年印度洋海啸、计算机、激光、互联网,甚至轮子的发明、美洲新大陆的发现以及抗生素的发现。在常识之外和普通科学预测之外,真实发生而且对世界产生重要影响的事件,就是黑天鹅事件。

本书"奇迹"这一术语类似于塔勒布的"黑天鹅"概念。跟塔勒布一样,我不会对奇迹进行准确的定义,指出奇迹最重要的特征是什么就可以了。奇迹最重要的特征是,它是一次性的不可预测和不可复制的事件。奇迹不必像塔勒布的黑天鹅那样高大上。奇迹不一定改变世界。奇迹可大可小，大奇迹是奇迹，小奇迹也是奇迹。

奇迹和黑天鹅

奇迹是一次性的、不可复制的，但这并不意味着奇迹不会再次发生。奇迹可以再次出现，而且会像第一次出现时一样神秘莫测和不可复制。

我想说，每个人的存在都是个小奇迹，是一次性的、不可复制的存在。我特别认同马丁努斯·比伯拉赫（Martinus Biberach）的观点，这位学者因为抄录了1498年一首著名的四行诗而出名。我也特别认同马丁·路德的观点，马丁·路德给这首诗命名为"无神论者之韵"，并将其改编，让这首四行诗从神学角度上看更加正确。原诗如下：

> 我活着，却不知道能活多久；
> 我终将死去，却不知道何时会死；
> 我旅行，却不知去哪里；
> 我惊叹于我很快乐。

下面是马丁·路德回应的诗：

> 主想让活多久我就活多久，

第一章　何为奇迹

> 主想让何时以及如何死我就何时死，
> 我旅行而且确实知道去哪里旅行，
> 我惊叹于我很悲伤。[5]

马丁努斯·比伯拉赫的快乐和马丁·路德的悲伤都可以被视为小小的成就，也可以将其视为奇迹。尽管按照我的世界观，我更认同马丁努斯·比伯拉赫抄写的诗中所表达的快乐。

黑天鹅的一般特征是，一只黑天鹅出现并被人们知道后，人们回想起来，会觉得黑天鹅也许就是不可避免的存在。黑天鹅出现后，一般会出现很多解释。尽管奇迹和黑天鹅有很多相似之处，但是有一点不一样：奇迹经常无法运用逻辑来解释，即使是事后看也是如此。

对虔诚的教徒而言，从严格的神学意义上讲，奇迹就是神迹。因此，信徒不应该质疑奇迹的存在。即使之前被视为奇迹的现象（比如日食）被科学证明只是自然规律造成的结果，也没关系，信徒的信仰还是不会动摇。是人就会犯错，也许人会把自然规律造成的结果误认为是神迹。不过，有很多奇迹人类还是无法解释，比如耶稣的诞生，因此，我们一定要"凭着信仰而且单凭信仰，接受并相信我们无法证明的"。[6]

对没有信仰的人而言，所谓的奇迹只是表明我们知识有限，无法对其做出解释。有些现象人类已有认知但仍无法解释。不过，无法解释并不意味着这些现象就是神迹，因为科学早晚会对这些现象做出解释。科学对越来越多以前无法解释的自然现象做出解释的同时，总是存在一些现象，不管科学如何进步，都无法对其做出解释。这一点将在下一章探讨，下一章还会对什么是奇迹做出更加准确的定义。

思维的塑造

对我思想影响最大的书是道格拉斯·R.霍夫施塔特（Douglas R. Hofstadter）所著的《GEB——一条永恒的金带》(Gödel, Escher, Bach)一书。不过，我并不认同他的假设。这本书厚达700多页。书中指出，奥地利逻辑学家库尔特·哥德尔（Kurt Gödel，1906—1978）发现的逻辑体系足以成为完整的人工智能学的基础（第三章有深入的探讨）。另外，霍夫施塔特大胆地在引言中写道："某种意义上讲，这本书是对我的宗教的介绍。"[7]可以说，读这本书，就相当于在膜拜一种不同的信仰。我对哥德尔的理论和逻辑的认知多数来自霍夫施塔特这本书。跟他书中引用的其他学者相比，霍夫施塔特讲述哥德尔不完全性定理的方式特别吸引我。我从霍夫施塔特那里了解到了奇迹之源，如果没有读霍夫施塔特的书，我是不可能写出这本书的。

不管你要了解哥德尔理论的什么内容，都可以从霍夫施塔特的书中读到。要了解不容置疑的既定科学事实，不需要去重新发明轮子，只需要去学习一下科学知识，读一读像《GEB——一条永恒的金带》这样的书就可以了。另外，《圣经》也是帮助我形成世界观的一本重要的书，尽管我确信地球上鸟和兽的出现并不像《创世记》所写的那样。达尔文的进化论改变了人类以前的动植物观点，正如哥白尼学说改变了人们以前对太阳和月亮的观点一样。实际上，塑造我世界观的所有书（包括奥特里克·格佐和 J. K. 罗琳这些作家写的小说），有些观点我基本上不认同，但我仍然喜欢读这些书，让这些书塑造我的思维。

我对黑天鹅的态度也是如此。我基本不同意塔勒布的观点。不同意他观点的原因可能只是出于偏见，因为我家乡匈牙利从未出现一夜间国家崩溃的情况，起码过去的四至五个世纪里没有发生过这种事。另外，这种事中欧的瑞士也没有发生过。我认为世界不像塔勒布说得那么疯狂和脆弱，这也是本书描述温和世界和疯狂世界时着墨相同的原因。我们要看到，温和世界和疯狂世界都会出现黑天鹅。

我不建议大家从塔勒布那里学习黑天鹅。塔勒布的书写得太杂乱无章，太不清楚了。不过，塔勒布书中的确提供了无数睿智观点和犀利案例，可能会改变未来数年我们的思考方式。

鲁比克魔方的奇迹

1971 年，厄尔诺·鲁比克成为坐落于布达佩斯市的匈牙利艺术与设计大学建筑系的一名教师。他一直对学生缺乏空间想象力这一点感到惊讶并深感忧虑。为提高学生的空间想象力，他决定发明一种可以帮助学生提高三维视觉能力的装置。经过几年的思考和实验，他最终开发出了魔方（Rubik's Cube）。后来，魔方在全世界的销量数以亿计。

1974—1979年，鲁比克在匈牙利共卖出5万个魔方，在其他国家共卖出2万个。游戏公司专家一致认为他发明的东西没有市场。尽管魔方打动了数万匈牙利人的心，但不管怎么努力，鲁比克都没能够打动游戏公司专家的心，没能让专家们接受魔方。

我自己也没法解开这个谜题，但像很多被魔方迷住的人一样，我学会了一些口耳相传的旋转方式后，就能享受一遍又一遍把魔法还原的乐趣了。魔方达人10秒内就可以将魔方还原，而我则需要花4~5分钟，但这一点也不影响我玩魔方得到的快乐。我只掌握了三种还原方法，大多数魔方达人却掌握了几千种魔方拧法。

最初在只有少数初学者知道魔方的时候，我问一位一流的机械工程师，有没有可能设计出一种可以从三个方向拧动的装置，他斩钉截铁地回答说不可能。听完他的话后，我拿出我的魔方让他拧。他拧了一会儿，想了一下，接着又拧了一会儿，然后戏剧性地高高举起魔方，并大声说道："先生们，从三个方向拧动的装置的确存在！"

1979年，经过多次不成功的尝试后，鲁比克将魔方成品演示给汤姆·克雷默看。汤姆拥有数百项游戏专利，同时还是伦敦一家游戏开发与交易公司的负责人。汤姆试着拧了几分钟魔方，后来，他像那位机械工程师一样把魔方举起来，并大喊："这个益智玩具违背了这个行业所有已知的原则。没有任何噪声，看起来不值钱，也不可爱，一般人可还原不了它。"汤姆的话基本上概括了魔方在市场上失败的原因。汤姆继续对鲁比克说道："这个玩具非常巧妙，

第一章　何为奇迹

咱俩共同将它推广出去，收入平分吧。"就这样，魔方开始了它的黑天鹅之路。

魔方并不是这个故事中唯一的奇迹。汤姆·克雷默敏锐的眼光是另一个奇迹。1979 年，汤姆刚满 49 岁，但已经是游戏行业的老行家了。30 年后，汤姆说，发现魔方并将魔方推向全世界让他的职业生涯达到巅峰。这两个奇迹，立方体的魔方和敏锐的眼光，单独一个成不了真正的黑天鹅，只有结合在一起，才共同成就了完整的黑天鹅。

很明显，魔方会成为黑天鹅，但在这之前，魔方就已经是个奇迹了。对那些被魔方迷住的人来说，魔方就是个奇迹。魔方的机械解决方案对工程师来说是奇迹，游戏行业的老行家汤姆·克雷默也看出魔方是个奇迹。

黑天鹅和奇迹的主要区别在于：虽然奇迹像黑天鹅一样具有一次性和不可重复性，但奇迹不一定对世界产生巨大影响。小奇迹对世界几乎没什么影响，大奇迹则会震撼世界。

让梦想更接地气

厄尔诺·鲁比克想制造出一种可以自由拧动的三维装置，而且他最终实现了这一梦想，这本身就是一个奇迹。另外，魔方不是因为意外闻名于世才成为黑天鹅的。

英国航海家艾伦·麦克阿瑟也实现了自己的梦想。2001 年，麦克阿瑟完成单人环球航行时才 24 岁。海上航行 94 天后回到家中，她说希望自己的环球航行能鼓励其他年轻人像她一样实现自己的梦想。麦克阿瑟并非唯一实现这一壮举的人。实际上，在旺底不靠岸单人环球航海赛（the Vendée Globe）中，她只得到了亚军。不过，三年后，在一艘专门为她设计的帆船上，麦克阿瑟创造了世界上最快单人环球航行纪录。（这个纪录只维持了几年就被其他人打破了。纪录被打破了又怎么样呢？并不影响麦克阿瑟已经取得的成就。）就这样，奇迹发生在了这位年轻的英国女士身上。她实现了自己的梦想，就像当时厄尔诺·鲁比克通过没完没了的实验实现自己的梦想成就奇迹一样。奇迹以什么形式出现并不重要，奇迹可以是一位年轻女子独自环球航行，也可以是制作出一个理论上不可能存在的玩具，甚至可以是把红海从中间分开。在成为事实前，这些事件人们都想不到，而且认为不会发生。但这些事件一旦发生了，就会引起轰动。因此，我们应该将这些事件视为奇迹。著名的匈牙利作家奥特里克·格佐在他的小说《边境线上一学校》（School at the Frontier）中写道：

> 事情总是这样：一切都不顺利，成千上万的愿望和希望都落空了；不过，总有一两件我们生活中无论如何都离不开的重要的事，最后成功了。当然，成功是偶然的、随意的，我们可以不用感恩命运。
>
> 后来，我不再对这类事情感到兴奋不已，我知道我没必要去多余地操心什么大事，这其中就包括，我应该成为画家。我知道我会成为画家，就算海枯石烂、斗转星移，我成为画家

第一章 何为奇迹

的决心也绝不会变;我知道我会舒舒服服地穿过那堵最厚的石墙,我还知道红海会为我分开。[8]

有远大的理想加上持之以恒,就足以让奇迹发生,"不用感恩命运"。没有梦想不行吗?有人可能会说,一定要有梦想并实现梦想。但是,这种回答稍欠考虑。一定要有梦想而且实现梦想,会让很多本来应该快乐的人变得不快乐了。并非人人都有梦想,也不是人人都能实现梦想,能实现梦想的只是少数人。生活中即使没有奇迹,我们也可以过着幸福、有目的和令人满意的生活。

我一直都很羡慕那些10岁时就有梦想的人。这些人梦想长大后成为生物学家、飞行员、水手或画家,他们后来都实现了自己的梦想。对我来说,当个数学家似乎是自然而然、水到渠成的事。我在儿童时代就在数学竞赛中拿过奖,长大后,成了一名职业数学家。有段时间,我曾经梦想证明以下四个伟大的未解猜想中的一个:四色猜想(fourcolor conjecture)、庞加莱猜想(Poincaré conjecture)、黎曼假设(Riemann hypothesis)或费马最后定理(Fermat's last theorem)。如果能解开这四大谜题中的一个,那会是怎样的奇迹啊!但是我很快意识到,有许多数学家比我更有才华,如果连他们都解不了这些著名的谜题,我就更不太可能解开了。

四大谜题中的三个已经有奇迹出现,尽管奇迹不是因为我而出现:我拿到学位后的40年里,四大谜题中有三个谜题已经被解开。但是,其他数百个数学难题尽管不像上述四大谜题那么有名,但一样难解,一直都没有解开。你不会在报纸上读到这些数学难题,也不会听到毕生都在致力于解题的数以千计的富有才华的数学家谈论这些数学难题。其中，有些数学家可以自豪地说（他们这么说无可非议），尽管自己最终没有成功解题，但他们为最后成功地解题铺了路（尽管贡献只是一点点）。但大多数数学家却不能说自己有什么贡献，因为他们的解题方法最后被证明是死路一条，毫无新意。

这就是人生。少数人走对了路，梦想得以实现，但是，很多人却走进了死胡同，希望最后落了空。奇迹背后是无数的失败和失望。尽管你对他人成功的唯一贡献，可能只是去探索了一条曾经以为有希望最后却发现是死胡同的路，但你可能会因为尝试探索而有了一份美好的富有成效的生活（尽管没有奇迹）：有一份体面的工作，获得（人们希望获得的）某种幸福感和满足感。

要干成大事，不一定非要全神贯注地投入梦想。如今，一些奇迹般的重大科学成果和技术进步很多时候是成百上千个团队协作的结果。如果团队里每个成员的梦想都太大，团队就不会团结，很快会四分五裂。要想创造奇迹，有几个有远见卓识的人是必要的，但是同时，要有一个能够解决问题的有经验的专业团队才行。

我要求我所有的博士生都去读一篇文章。这篇文章的作者是澳大利亚教授格里·马林斯（Gerry Mullins）和玛格丽特·基莉（Margaret Kiley），文章的题目不言自明：《这是博士学位，不是诺贝尔奖》。[9] 之所以让博士生去读，是因为这篇文章可以帮助学生拒绝好高骛远、眼高手低，学会踏踏实实地做学问，写出合格的博士论文，以后成为所在行业里高素质的学术人员。

第一章　何为奇迹

　　以下观点很多名人都论述过，只是具体表述不同而已：如果你20岁时还不是社会主义者或民主党派人士，你是没心没肺；但是如果你30岁时仍然不是二者中的一个，那你是无脑。诚然，年轻时应该有远大的梦想和崇高的理想。不过，意识到自己能力有限后，就必须让自己的梦想更接地气。可以选择像艾伦·麦克阿瑟那样，去实现自己毕生的梦想。如果没有机会像少数人那样实现远大理想，那我们一定要找到属于自己的一亩三分地，并且将其经营好。

　　麦克阿瑟的环球航海没有对世界造成非常大的影响，所以未成为黑天鹅。费迪南德·麦哲伦在16世纪第一个25年就开始首次环球航海探险了，从那以后，环球航海本身就不是黑天鹅事件了。当然，用像艾伦·麦克阿瑟那样的小帆船独自环球航海，看起来还是很像奇迹的。不过，麦克阿瑟甚至不是环球航海第一人或第一位女士。如果她环球航海的成功故事确实曾激励了很多人去实现自己的梦想，那么她的壮举也许算得上是真正的黑天鹅事件。不过，最近的圆梦故事援引的都是成千上万的专业人士实现梦想的故事，比如微软、苹果和谷歌创始人的故事。

哈利·波特奇迹

　　作家奥特里克·格佐写的另一个故事中，王子杀死了龙，建造了城堡，用亲吻唤醒了公主，并逗她笑。当然，他们马上就结婚了。但是奥特里克童话故事的续篇是：

但是，一天又一天过去了……第一天已经够长的了；一天有很多小时，一小时有很多分钟，一分钟又有很多秒。

王子和公主你看看我，我看看你，很无聊。于是，王子决定将公主封闭在围墙里，让她重新睡着，并拆除城堡，让龙复活。

他马上开始付诸行动，但事情并没有那么简单。辛苦的工作，甚至比以前更英勇的行为、冒险或是努力奔跑，都没有帮他将城堡摧毁，因为长着一双鸭子腿的城堡一直从王子身边跑开。被捣毁的龙头，王子就更没有能力复原了。王子没有办法让公主再次入睡，也没能把公主再次关进墙内。就这样，一天又一天过去了，一个月又一个月过去了，一年又一年过去了，然后，王子和公主开始吵架。说不定王子和公主现在还活着呢。[10]

实现自己想要的奇迹后，真的会变得这么不美好吗？我们会不甘心地问："就这样吗？这就是全部？"我之所以认为《哈利·波特》是 20 世纪最伟大的文学成就之一，是因为 J. K. 罗琳创造了奇迹，那就是，她持续创作，将故事接续下去。

哈利·波特绝不是艾伦·麦克阿瑟。哈利·波特从未有过大梦想，他只是碰巧创造了别人创造不了的奇迹，他本来根本不可能做到这些。在经历了连续七卷的冒险后，哈利·波特最后打败了邪恶的伏地魔。之后，哈利·波特以巫师身份继续着自己的日常生活（他对自己的巫师生活很满意，而且他的巫术很有用处），就像以前

第一章　何为奇迹

一样,没有更多的梦想。以前如果不是因为自己是唯一一个有机会打败伏地魔的人,哈利·波特会一直没什么梦想。哈利·波特是巫师,奇迹是他日常巫术的一部分。但是他满足于现状,不再创造真正的奇迹。他继续工作,爱妻子和孩子,有时会回忆一下以前自己生活里发生的一些冒险故事。

罗琳通过《哈利·波特》创造了另一个奇迹:她让数百万儿童读了3 500页书(年青一代没去上网,也没去看电视,而是在看书)。这个时代,让孩子们不上网、不看电视,而是去读书,几乎是不可能的。孩子们对《哈利·波特》的阅读热,就像当年的柏林墙倒塌或重大经济危机的出现一样突然,一样令人意想不到,而且,《哈利·波特》热很可能是不可重复的。也就是说,《哈利·波特》热可能是我们所说的真正的奇迹。罗琳在为自己的书找出版商时遇到的困难也说明了为什么《哈利·波特》会成为奇迹。就像当年魔方被许多玩具制造商和经销商拒绝一样,《哈利·波特》也被几十家出版商拒绝过。这些当年拒绝罗琳的出版商在《哈利·波特》大热后,肯定肠子都悔青了。

现在,大型项目的成功离不开那些能以专业方式解决问题的专业人才(哈利·波特长大后的样子)。也许这就是为什么哈利·波特的故事只能写在我们这个时代,这也是罗琳所写的所有伟大的冒险故事的主题。我想,罗琳写她的第一个冒险故事时,就知道主题是这个,当然,罗琳的冒险故事里也有爱的奇迹。

当越来越多以前无法解释的现象得到现代科学解释的时候,人们可能会问,现代科学无所不能,什么都可以解释得了,哪还有什么奇迹呢？也许，未来的某一天，科学会给我们完整地解释厄尔诺·鲁比克的思维过程、艾伦·麦克阿瑟的无所畏惧或者《哈利·波特》令人意想不到的非凡成功，但是，今天的科学肯定还做不到这一点。不过，科学能提供一种方法来分析那些无法解释的、一次性的、不可重复的、我们称之为奇迹的事件吗？

第二章
温和世界和疯狂世界

一个爱因斯坦是没有标准差的。

阿尔伯特·爱因斯坦去世后,他的大脑留给了研究人员,但是对其所做的解剖研究却并没有多少有意思的发现。[1] 尽管爱因斯坦的大脑在许多方面不同于以前研究过的那些大脑,但还是很难弄清楚,到底是爱因斯坦大脑的哪些特征才让他成为天才。如果研究人员想弄清楚典型的爱因斯坦大脑有什么特征,发现典型的爱因斯坦大脑与典型的非爱因斯坦大脑有何不同,就必须研究很多爱因斯坦大脑。但是,世上只有一个爱因斯坦,而且,像其他人一样,爱因斯坦只有一个大脑。

我们通常认为平均值意味着"典型",偏离平均值的偏差才值得一提或值得研究,但事实往往并非如此。不管按照什么标准(卷积的大小、重量、数量、深度或其他任何方面)衡量,我们的大脑就像我们的身高一样是偏离平均值的。匈牙利男性的平均身高是1.75米，但是很少有人是平均身高，大多数人的身高不是比平均值高就是比平均值低。

由于存在这些偏离于平均值的偏差，统计学家在研究时除了明确平均值，还会算出各数据偏离平均值程度的平均数，统计学用语为"标准差"。例如，低于匈牙利男性平均身高的各个数据的平均数（比平均身高低一个标准差）是1.68米，而高于平均身高的各个数据的平均数（比平均身高高一个标准差）则是1.83米。从这个意义上来说，身高1.68米的人和身高1.83米的人一样普通；这两个身高都偏离平均值一个标准差。（从技术上讲，我这里描述的并不完全是标准差，数学家觉得用稍微复杂一点的公式计算更顺手。）[2]

心理学研究告诉我们，语言描述了我们如何看待事物。我们不认为1.83米高的人很高，也不认为1.68米高的人很矮。大多数人认为过高或过低是从两个标准差左右开始的。因此，我们认为高1.9米的人很高。一个身高与平均值相差3个标准差的人（身高1.98米）坐在椅子上突然站起来时，肯定会吸引人们的目光，但这还不是奇迹。相比之下，一个4.87米高的人会被视为奇迹。他的身高偏离平均值40个标准差。事实上，不会有人长4.87米高，甚至也不会有人长3米高。

如果有人只谈论平均值而不提标准差，那么这个数据的可靠性就很值得怀疑。[3] 这个人这么做不一定是想蒙混过关，很可能是因为无知。但要记住，不提标准差的平均值没有多大意义。举例来说，儿童说话的平均年龄是 18 个月，莫妮卡两岁了还不会说话，家长该不该担心呢？这要看标准差是多少才能确定。如果标准差是两三个月，自己的孩子两岁了还不会说话，家长应该担心。但实际上，实际的标准差是大约 6 个月，莫妮卡只是说话有点晚而已，所以不用担心。我妈妈当年因为这个带我去医院时，医生只是说："你不用担心，他很快就会说话了。"

天才：奇迹还是天赋异禀

一个爱因斯坦是不可能有标准差的。爱因斯坦只有一个，所以无法从统计学的角度去解释。就因为只有一个爱因斯坦，所以也无法从统计学的角度去研究天才概念。很多人会说，一个具有非凡天赋的人是天才，但是天赋跟天才是不同的概念。

幸运的是，有天赋的人数量多，所以天赋这个概念可以用统计方法来研究。我很喜欢这个天赋的定义：有天赋意味着知道或能够做从未学过的事情。心理学对天赋的定义大致与此相同，只不过用的可能是专业术语而已。不管这些有天赋的人是高中毕业生代表还是国际科学奥林匹克竞赛金牌获得者，他们都有相同的心理感觉：知道的新东西越多越有才。

人的天赋不同，工作效率也会截然不同。比如，极富天赋的计算机程序员工作效率会比一般的计算机程序员高出一个数量级。有点让人吃惊是吧？这就好比一个 1.9 米高的人工作效率（或其他方面）是 1.83 米高的人的 10 倍一样。看起来，身高不会对工作效率有这么大的影响。即使是打篮球，虽然身高对打篮球而言是积极资产，但身高对打篮球的影响也不是太大。不过，天赋高低对工作效率的影响却是巨大的。

那么，我们该怎么定义天才这个概念？也许，我们可以用天才来形容天赋异禀的人。人们提到"天才级的智商"时，是在线性标准上定义天才的：天才与普通智力的人差不多，只比普通智力多那么一点而已。但从本质上来讲，天才与智力不同，与天赋也不同。或者说，天才思考的东西就连最有天赋的人也想不到，这样定义天才，会不会更好一些？像牛顿、爱因斯坦、莫扎特或毕加索这样的人，就是天才。

虽然"地圆说"的概念古已有之，"万有引力"作为一种可测量的力的概念至少可以追溯到16世纪末的伽利略，但的确是牛顿才让我们了解到圆圆的地球是如何运行的，以及为什么地球另一端的人不会掉下去——或者，如果他们恰好粘在了地球表面，却可以做到即使倒立着血液也不会涌上头顶。人倒立着竟然能幸福地生活着，这的确太神奇了。教会不接受地圆说和日心说，并非完全愚顽不化。地圆说和日心说不仅违背了当时教会的神学，而且这种宇宙论涉及的科学谜题当时并没有被很好地解开。后来，牛顿用万有引力定律解开了这个谜题：让人们站在地球表面不掉下去的力与行星围绕太阳运行的力是同一种性质的力。我们需要的是天才，只有天才才能发现其他人怎么也想象不到的概念，只有天才才能对以前看起来不相关也解释不了的现象做出统一的解释。

从这个意义上讲，似乎天才就是本书所定义的唯一不能重复的

第二章　温和世界和疯狂世界

奇迹。这样看来，奇迹是真实存在的，因为世界会时不时（不过不太经常）地出一个像牛顿或爱因斯坦这样的人物。他们天赋异禀，不仅知道很多新东西，而且还知道一些哪里都学不到的东西，因为这些东西远远超出了他们同时代人的想象力。

今天独创性的新观点会成为未来的常识，只有天才才能发现的理论有一天会被脑子不怎么灵光的老师教给课堂里的学生。一开始，因为新理论涉及的观点不仅新颖而且具有革命性，需要一位出色的老师才能理解、掌握并传授给学生，但是随着时间的推移，对这个理论感兴趣的人会将其修改完善和简化，并找到新的解释方法，让这个理论变得更容易学。牛顿原著《自然哲学的数学原理》（简称《数学原理》）非常难懂。我读过，可以证明这本书的确非常难懂。但是每年都会有成千上万的高中毕业生和大学新生学习这本书。天才开辟新天地，天赋非凡的人会跟随天才的脚步走，随后，中等天赋的人也会随之而来。

我一直在论述天才是奇迹，但是我仍然无法回答朋友亚历克斯的问题。亚历克斯坚信根本不存在奇迹。他会说："对你来说是奇迹的东西，对比你更有才华的人而言，却不见得就是奇迹。"毫无疑问，5米跳远对我来说是奇迹，但是有的运动员可以跳过8米，所以即使跳8米远也不会被认为是奇迹。

为了让读者更加理解奇迹是否真实存在，本书将对奇迹发生的罕见性加以量化。为此，下面我们将考察两种我们假设出来的国家，了解什么是温和的平均值，什么是疯狂的极端值。我们把这两种假设国家分别称为温和世界和疯狂世界。

温和世界和疯狂世界

请回答下列问题：

- 高于2米的人的平均身高是多少？
- 90岁以上的人的平均年龄是多少？
- 世界上拥有"超高资产净值"的人（拥有500万美元以上流动资产的人）的平均资产净值是多少？（全世界这样的人有2 000万。）
- 资产超过50亿美元的公司的平均股本价值是多少？（近几年全世界这类公司有700~800家。）

第一个和最后一个问题都出现在了塔勒布的《黑天鹅》一书中。不过，塔勒布并没有给出答案。我不会像塔勒布那样吝啬，不给答案。上述问题的答案分别是：2.03米、93岁、8 000万美元和270亿美元。

可以看出，前两个问题和后两个问题涉及的数学领域截然不同。尽管两组问题都涉及具体数字，却好像是两个完全不同领域的问题。那么，这两组问题到底有什么区别呢？

我们首先注意到，前一组涉及身高和年龄的问题不会出现非常大的偏差。没有人身高会达到约4.57米，也没有人会像《圣经》里的玛土撒拉那样活到969岁。不过，有些人当然会极度富有，比如著名的科赫兄弟，每个人的资产净值约达40亿美元。也有一些

第二章 温和世界和疯狂世界

价值非常高的公司，如苹果公司。2012年8月，苹果公司市值达7 500亿美元。商业浪潮变化太大，苹果公司三个月后就跌破4 500亿美元。这么大的跌幅对大多数公司来说是毁灭性的，不过苹果公司没费多少力气就度过危机恢复了元气。

塔勒布把不出现太大偏差的国家称为"平均斯坦"，把出现巨大异常值的国家称为"极端斯坦"。我对"极端斯坦"这个称呼没有什么异议，但是，我发现"平均斯坦"这个称呼不可取，因为它有贬义。塔勒布对平均斯坦很不屑，他排斥平均斯坦的方法和思维方式，尽管平均斯坦的这些方式和方法最后会带来成功的结果。看起来好像是，塔勒布看到黎巴嫩作为一个平均斯坦经历了一个多世纪的和平与繁荣后，突然变成暴力活动肆虐的极端斯坦，让他学会了憎恨所有普通的地方，并质疑这些地方的理论。

我更喜欢给没有出现太大偏差的地方取一个更加中性的名字——"温和世界"。为了跟"温和世界"相呼应，我将"极端斯坦"重命名为"疯狂世界"。与塔勒布不同，我不认为温和世界的科学仅仅是骗人的夸夸其谈，我在学校继续自豪地教授学生温和世界方法，同时提醒自己温和世界方法有自己的适用区，在不适用的领域，使用温和世界方法，我们会走弯路。

不应该把温和世界科学和疯狂世界科学分开来谈，就好像两者完全不相关。温和世界科学和疯狂世界科学用的是同一种科学方法、同一种数学方法，不同点在于，二者分别用了不同的数学模型。关于它们还有很多不可信的论断，比如只谈惊人的平均值，却不提标准差。

当生物学家用一个模型来描述狼的行为，用另一个模型来描述羊的行为时，我们理所当然地认为这么做是对的。因为一个模型涉及野外的捕食者，而另一个模型涉及的则是牧场的动物。两种模型都有其适用的领域，可以很好地描述狼的行为的模型不能被用来描述羊的行为，这并不奇怪。

尽管生物学家可能需要使用不同模型描述狼与羊，物理学家也会用不同的模型描述亚原子粒子相互作用与行星运动，但所有科学家依据的都是科学的方法：观察，实验，根据实验结果建立模型，并确定每个模型的适用区。一个有效的模型可以让我们预测其适用范围内的事件。有时，描述一个领域现象的模型完全适用于描述另一个领域的现象，比如，经济学领域有效应用了物理学领域的模型。

温和世界的生活缓慢而悠闲，没有什么大的惊喜，没有偏离平均值太远。尽管温和世界的人有高有矮，有聪明人也有不怎么聪明的人，但温和世界里没有身高 4.57 米的巨人，没有超级富豪（那些动一动就地动山摇的人），也没有天才。不过，温和世界里各种各样的事情都会发生，要理解温和世界的各种现象离不开很多有天赋的思想家的努力。我们对宇宙的理解大多来自我们对温和世界的理解，不应该仅仅因为有些现象温和世界的模型无法充分解释（比如，温和世界的模型无法充分解释过去几十年的世界经济行为），就摒弃温和世界的模型。

而在疯狂世界里，事情会变得危险重重。疯狂世界有偏离平均值的巨大偏差。以苹果公司为例。2013 年，苹果公司尽管股价大

第二章 温和世界和疯狂世界

跌,但其市值仍位居全球所有公司榜首,是排在其后的壳牌公司和IBM公司的两倍多。在疯狂世界里,出现与平均值有40个标准差的值很常见。苹果公司的市值是普通公司巨头的400多倍。

有经验的酒吧常客会知道什么时候酒吧会出现打架闹事现象。流畅的谈话突然被愤怒的话打断,这时候,平衡就会被打破,温文尔雅的老顾客维持的宁静世界变成了打架现场。科学领域也会发生类似的事情。当越来越多的新现象出现,现有的科学模型却解释不了时,这个现有科学模型就会被质疑,困惑不解的科学家开始提高嗓门争论。这种背景下,全新的模型就会应运而生。

正态分布与温和世界

德国数学家卡尔·弗里德里希·高斯(1777—1855)被他同时代的人称为"数学王子"。高斯的一项重要发现是正态分布。正态分布也称高斯曲线,还可以不太准确地被称作钟形曲线(参见图1)。描述温和世界离不开正态分布。正态分布中,大部分值接近平均值,离平均值越远,值越少。例如,如果图2中的正态分布曲线代表匈牙利男士的身高,我们预计他们的身高平均值为1.75米,约2/3的人的身高位于平均值的一个标准差之内,即身高在1.68~1.83米之间。相比较之下,身高是三个标准差(即身高高于1.98米或低于1.52米)的人占比还不到0.1%。

图 1.（欧元替代马克前）最后一版印有高斯头像和高斯曲线的德国 10 马克纸币

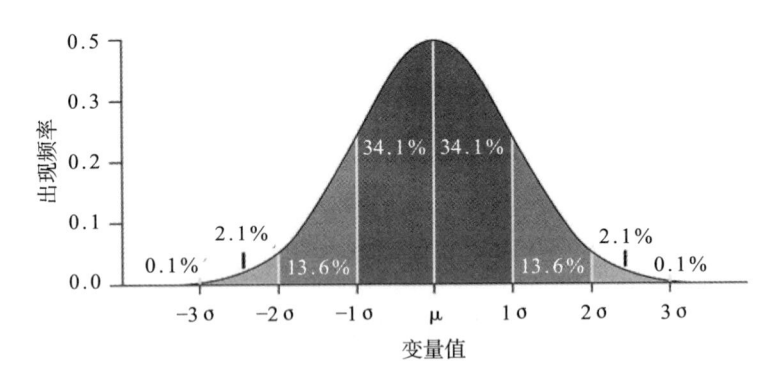

图 2. 高斯曲线图（绘制者：约瑟夫·本茨）

图 2 横轴中点的希腊字母 μ 代表平均值，或者更准确地说，μ 代表均数。从图中可以看出，正态分布曲线到 μ 的位置时值最大，这意味着，正态分布中均数是最频繁出现的值。希腊字母 σ 表示标准差。34.1% 的人的数值（比如身高）位于均数与 1 个标准差之间。只有不到 0.2% 的人位于 3 个标准差之外。高斯曲线还可

第二章 温和世界和疯狂世界

以用来描述很多自然现象，关于高斯曲线超强的描述能力具体参见本书第二部分内容。

如果奇迹与正态分布的现象有关，那么我朋友亚历克斯对奇迹的看法就是正确的。正态分布曲线4个标准差之后，值接近于零，不得不用高倍显微镜观察曲线与横轴之间的距离。10个标准差之后的，就是使用高倍显微镜也观察不到曲线与横轴之间的距离。10个标准差或10个标准差以上的人只占到万亿分之一。

既然高斯曲线可以有效描述自然现象，那么，将高斯曲线用于经济领域似乎是自然而然的事。最终，高斯曲线背后的统计学思想成了一种教条，大约一个世纪的时间里，经济模型的创建者应用的一直都是正态分布，从未想过应用其他模型。但是，事实证明，高斯曲线并不能完全反映经济运行方式。不仅经济领域如此，其他领域最终也出现了正态分布不适用的情况。2008年金融危机期间，我听各种各样的金融专家说，"一万年也不会出现一次这样的危机"。现在，我还没活到一万岁的时候，就已经至少听到四五次类似的话了。比如，1987年和1998年金融危机期间我就听人说过这样的话，"9·11"之后也听到过。一定是出了什么问题。

问题就是高斯曲线从来都没有把那些好像是突然发生的意料之外的冲击考虑在内。高斯曲线预测温和世界很成功，却无法描述疯狂世界的动荡事件。要描述意料之外突然出现的危机，需要一个跟高斯曲线截然不同的数学模型。实际上，不同于高斯曲线的模型不仅真实存在，而且像高斯曲线（高斯曲线为温和世界的科学提供了坚实的基础）一样一直都在我们身边。

回到上文提到的酒吧发生的打架事件这个比喻。我们可能会说，温和世界的人明白，酒吧里声音一声比一声高，意味着温和世界的人的宁静世界就要变成混乱的疯狂世界了。我们现在谈的是酒吧里的争吵还是危机时的经济指数并不重要，重要的是现在我们所处的环境属于描述疯狂世界极端情况的新模型的适用范围。

温和世界的科学非常高级复杂，以至它能够设计出远超温和世界、描述疯狂世界混乱事件的模型。这就是我们不应该轻视温和世界科学的原因，因为疯狂世界的模型源自温和世界的科学。描述温和世界和疯狂世界的方法是相同的，不同的只是模型。

柯西分布与疯狂世界

数学家奥古斯丁·路易斯·柯西（1789—1857）没有出现在任何钞票上，不过，他的确出现在了纪念他200周年诞辰的法国邮票上，他的名字跟其他71位伟大的法国科学家、工程师和数学家的名字一起被刻在埃菲尔铁塔上。像高斯一样，柯西是工科和数学专业的学生最常遇到的名字之一。牛顿去世约150年后，柯西将微积分中很多模糊之处进行了清晰化阐述，从而把微积分发展成为一门可以在大学入门课程中教授的学科。

图4就是柯西推出的分布图。第一眼看去，柯西分布跟高斯曲线非常像（我上文用"钟形曲线"来指高斯曲线并不准确，因为柯西分布和其他很多类型的曲线图也是钟形）。从图4上怎么也看不出为什么柯西分布可用于描述疯狂世界，而高斯曲线却不能。

第二章　温和世界和疯狂世界

图 3. 法国数学家和物理学家奥古斯丁·路易斯·柯西（1789—1857）

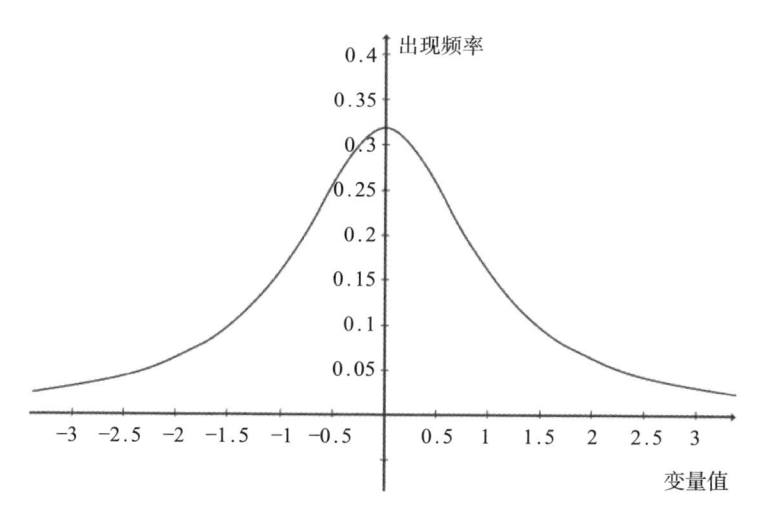

图 4. 柯西分布图（绘制者：约瑟夫·本茨）

但是，仔细观察会发现，柯西曲线不像高斯曲线那样在 3 个标准差的地方就离横轴那么近，尽管柯西曲线也是标准差越大，越靠近横轴。曲线是否很快下降到横轴真的这么重要吗？曲线靠近横轴的速度能决定曲线描述的模型类型吗？我们很快会从下文知道，答案是能。

呈现柯西分布的数学和物理现象有很多，我举一个大家最容易理解的例子。比方说，一位女士（我们叫她菲比吧，纪念一下美国伟大的女神枪手菲比·安·摩西，这位女神枪手的另一个名字安妮·奥克利更为人所知）拿着一杆步枪站在离墙 10 米远的地方，墙以她为中心向两边无限延伸。菲比闭上眼睛转圈，停下来时会随机跟墙形成一个角度，之后菲比往她正前方开枪。当然，其中有一半时间她根本没有瞄着墙打，因为转圈停下后她面向的地方不是墙。不过没关系，我们就只看她打到墙的弹孔情况。大多数情况，菲比射出的子弹会打到离她相对近的墙面，一半子弹打到以她为中心左右 45 度角以内的墙上，即 20 米区域内离她最近的墙面上。所以，像高斯曲线一样，柯西曲线的最高点是在中间位置。但是，如果菲比面对的方向几乎平行于墙，那么子弹会击中更远处的墙。柯西分布描述了平均而言弹孔在墙上的分布情况。[4]

高斯模型和柯西模型最大的区别是，高斯正态分布中离中心远的墙非常安全。如果菲比站在离墙 10 米远的地方，按照正态分布，1 秒射击 1 次的话，每 1 万年她才能击中 65 米或更远的墙面一次。而按照柯西分布，菲比每 21 秒就可以射到 65 米远的墙面上，每 5 分钟就可以射到 1 000 米或 1 000 米以外的墙面上，每 52 分钟就可

第二章 温和世界和疯狂世界

以射到 1 万米远的墙面上,每 9 小时就可以射到 100 公里远的墙面上,每 3.6 天就可以射到 1 000 公里远的墙面上。在高斯正态分布中,100 米外的墙面是菲比的枪射不到的地方;而在柯西分布中,即使是 1 000 公里远的墙面,菲比的子弹也能射到,尽管概率不大,但在足够长的时间里,墙的每个地方都可能被子弹射到。

克里斯·安德森著名的《长尾理论》(*The Long Tail*)一书认为,在今天的经济中,商业机会恰恰存在于远离平均水平的地方。安德森提出一种策略,即建立一个足够大的分销渠道,在这个渠道中人们不要去销售少量流行的商品,而应该去销售大量不怎么流行的商品。柯西曲线为这一策略提供了数学模型。与高斯曲线相反,柯西曲线上远离均数的机会绝不罕见而是很多。图 5 同时显示了高斯曲线和柯西曲线,从中可以看出克里斯·安德森为什么选择以"长尾理论"为书名了。柯西曲线尾巴宽(与横轴的距离)的部分远比高斯曲线尾巴宽的部分长。这并不是说柯西曲线和高斯曲线中有一个

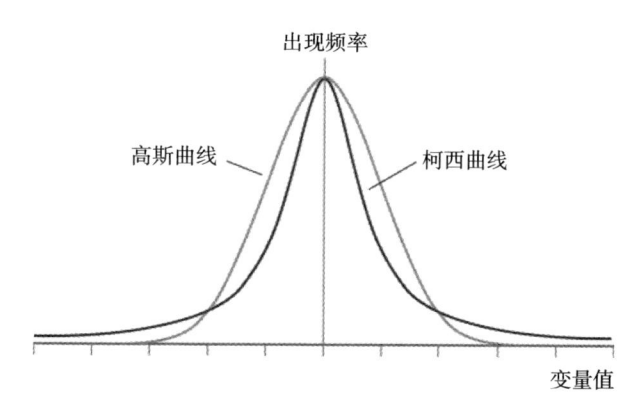

图 5. 高斯正态分布与柯西分布(绘制者:约瑟夫·本茨)

尾巴更长，而是说两条曲线都向无穷延伸时，高斯曲线尾巴很快变窄，从实用角度看它已经消失了。

柯西着手研究曲线的数学属性时，首先考察了菲比弹孔落点的平均值。答案似乎足够明确：平均值肯定在墙中央位置，因为菲比停止转圈后，面向左右的概率是相同的。的确，弹孔落点的曲线呈现对称状态。但是，当柯西想根据有限的弹孔（比如，10、100或1 000个）计算期望平均值时却发现，随着射出弹孔数目的增多，出现下面这种情况的可能性越来越大：菲比站立方向基本与墙面平行时，子弹射向非常远的墙面，计算余下的弹孔时不能不计入这个击中远处墙面的弹孔；这样一来，这些弹孔的平均位置就不在墙中央，相反，因为远距离弹孔的影响，这些弹孔的平均位置到处都是。[5]

用数学术语来讲就是，柯西分布没有期望值。很多弹孔的平均值可能在墙的任何一个位置。高斯曲线绝对不会发生这种情况。子弹射出得越多，高斯曲线的平均值就会越接近墙中央位置，因为远处稀稀落落的弹孔带来的标准差最终会被近处数量众多的弹孔抵消。

另外，柯西分布也没有标准差。柯西分布没有标准差的情况跟"只有一个爱因斯坦，所以没有标准差"的情况不一样。更准确的说法是，爱因斯坦实际上是有标准差的，不过标准差为0，因此无法对其进行合理的解释。柯西分布没有标准差，是指没有数字能大到足以衡量弹孔对中间位置的典型偏差。凡是非常符合柯西分布模型的现象，都是没有标准差的。不仅唯一的、不可重复的爱因斯坦没有标准差,整个人类也是没有标准差的。

柯西分布带来的是疯狂世界。在疯狂世界里,我们甚至无法谈论对典型值的典型偏差这么明显的东西,因为根本就不存在这样的东西:不存在典型值(均数),也不存在典型偏差。如果想要均数,就必须离开柯西分布的世界,回到安全、温和的正态分布的世界。

因此可以说,温和世界的数学源于高斯,而疯狂世界的数学则源于柯西。正态分布的温和世界少见的东西,在柯西分布的疯狂世界里却非常普遍。比如,落在眼睛看不到的远处墙面的弹孔,在正态分布的温和世界很少见,但在柯西分布的疯狂世界中很常见。如果我们的身高用柯西曲线来模拟的话,会不时出现5米、10米,甚至1 000米高的人(这些人其他方面跟我们一样,只是碰巧长得出乎意料的高),就像菲比碰巧面向跟墙几乎平行的方向把子弹射到特别远的墙面上一样。基于柯西分布这一概念,学者发现了疯狂世界一些奇特的规则,这一点将会在第三章中谈到。

大自然没有真空

有个问题我还没有给出答案:天才应该被视为奇迹还是只是天赋异禀?天才跟其他有天赋的人有不一样的地方吗?打个比方说,难道就像菲比停下时碰巧面向跟墙几乎平行的方向一样,有的人碰巧是天才?亚历克斯说,对我而言是奇迹的,对比我更有天赋的人而言不见得是奇迹。他这么说的时候,还可以加上一句:"因为你站在离中心相对近的地方,所以看不远;那些站得离中心更远的人，看得会更远，而且可能会看到，像神枪手这样的天才跟你我一样是凡人，没什么特别。"

到目前为止，亚历克斯还可以继续坚持他的观点。他应该高兴，因为疯狂世界的出现支持了他的观点：对普通人而言看似奇迹的现象，现在可以用疯狂世界规则来解释了。亚历克斯能接受"疯狂世界"这个概念，因为这个概念完全科学。他之前只是熟悉温和世界并且无条件地相信温和世界规则，尽管很明显，这并不足以让他打消让匈牙利企业在纳斯达克上市的想法。

发现疯狂世界让我们意识到，有一部分世界是受疯狂世界规则支配的，人们可以预料到，有时会出现不符合常识的极端偏差。之前因为只有温和世界规则，这个规则解释不了极端偏差，因此极端偏差才被视为奇迹。但依据亚历克斯（疯狂世界）的观点，这些极端偏差不是奇迹，未来还会有比这些大得多的偏差。

与温和世界规则相比，疯狂世界规则不仅能更好地解释金融现象和科技现象，而且能更好地解释人类能力。果真如此的话，亚历克斯就可能又一次对了：一方面，在疯狂世界里，天才可能就只是天赋异禀而已。另一方面，科学不仅更加深入地探讨了疯狂世界规则，而且明确指出，总会有些现象我们目前的知识解释不了。

"大自然没有真空"这个观点是自然哲学中一个古老的原则，这个原则起码可以追溯到亚里士多德。亚里士多德认为，从一个空间区域里移走所有物质后，周围物质会马上填满空出来的空间。这的确是我们的日常经历，自然迟早会将真空填满，至少在地球上情况是这样的。由于地球引力的作用，所有东西都会向下移动。外

第二章 温和世界和疯狂世界

太空的情况就不是这样了。在外太空,真空不仅不罕见,而且很常见。不过,有迹象表明,很多领域都会通过某种形式将真空填满。类似地,当人类出现知识空白时,即出现科学不能解释的现象时,就会想办法填补真空,并把解释不了的现象称为奇迹。

不过,不管科学如何进步,总会有些现象被视为奇迹。很多迹象表明,天才跟我们这些普通人有很多地方截然不同。回到我们之前的例子。也许不能把天才跟菲比停下时碰巧面向几乎跟墙平行的方向射击相类比,天才应该跟射击毫无关联。因此,天才不会是一个远射弹孔,天才应该是跟远射弹孔完全不同的东西。尽管从很多方面看,天才跟大多数弹孔一模一样,但是,如果天才跟我们一样就只是普普通通有血有肉的人,那为什么天才跟有天赋的人有这么大的不同呢?下一章在讨论完"超实数"(hyperreal numbers)后我将回答这个问题,并澄清这里提到的模糊概念。

正因为天才跟我们非常不同,所以要确定谁是天才,门槛就会非常高。也许高斯只能算是非常有天赋而已。举例来说。高斯有可能研究了非欧几里得几何学(non-Euclidean geometry,以下简称"非欧几何学"),但他当时认为非欧几何学不值得创立,也不值得针对非欧几何学发表任何研究成果。后来,匈牙利数学家雅诺什·波尔约和当时的俄国数学家尼古拉斯·伊万诺维奇·罗巴切夫斯基独立创立了非欧几何学。这说明,高斯也许是一个天赋非常高的人,但他并没有提出其他人无法想象的想法。对比之下,牛顿和爱因斯坦提出的是其他伟大的科学家从未想到过的崭新的宇宙观,两位伟人的宇宙观改变了我们对宇宙的认识,因此,他俩才是天才。

"真正的"奇迹

解释狼和羊的行为需要用不同的模型，解释三刺鱼的生活方式也许还需要另外一种模型。因此，要描述不同的现实，需要使用截然不同的模型。世界就是这样的：不存在一切都适用的普遍规律，即使有普遍规律，也会过于抽象，无法用来描述我们关注的大多数现象。连物理学家[很多物理学家希望创建一个万物理论（Theory of Everything）]也是用高斯正态分布描述一些现象，用柯西分布描述另外一些现象，再用其他模型描述其他物理过程。世界可能只有一个，但是其呈现方式却是无尽的。

多数生物的活动和我们人类的多数日常生活都是按照秒、分、小时、天、年一步步进行的，依据的是温和世界规则。但是，当今世界的经济和科技看起来依据的却像是疯狂世界规则。现在的内科医生喜欢用疯狂世界的科技治疗温和世界的病。举例来说，几年前，心脏病治疗不仅需要进行复杂的手术，而且还需要恢复很长时间。现在，病人及时就医的话，医疗小组可以通过手腕上的一个切口将导管插入阻塞的冠状动脉，对冠状动脉进行扩张，病人甚至第二天就有可能重返工作岗位。这也是一种奇迹，尤其对那些曾经差点因心脏病发作致命的患者而言更是如此。

因此，虽然我们大多数情况下是生活在温和世界里的，但我们的生活深受疯狂世界规则的影响。世界有些方面是依据疯狂世界规则运行的，所以我们可能会遇到极端的事情。这些极端的事情有的是正面的，比如治疗心脏病；有的是负面的，比如一场严重的经济

第二章 温和世界和疯狂世界

危机或一场突发的海啸。

疯狂世界不是奇迹世界。相反，疯狂世界里会不断出现偏离均数的偏差，就像柯西曲线宽宽的长尾巴显示的那样。有些偏差会比较大，远远超出常识能解释的范围，这些是我们很想称为奇迹的偏差。但是，虽然我们认可疯狂世界的事情既稀少又奇妙，但是，因为这些事情并非唯一、不可重复的存在，所以，它们不是我们定义中的奇迹。这类事情也许很罕见，因为我们的女枪手面向跟墙面几乎平行的方向射击的概率不大。但我们知道，在合适的时间段，她早晚会再次面向跟墙面几乎平行的方向射击的。最后她会发现，哪怕自己只是冲着与墙面略微平行的方向射击，子弹也会落到更遥远的墙面上去。疯狂世界里，很难知道（甚至不可能知道）那些意想不到的奇异事情是真的奇迹，还是只是一种巧合。要弄清楚这两种情况的区别，就需要进一步研究疯狂世界的本质。第三章将继续探讨这个主题。

真正的奇迹跟恰好面向几乎平行于墙面的方向射向非常远的墙面不同。真正的奇迹是完全不同的、唯一的、不可重复的存在。这类真正的奇迹既会出现在温和世界里也会出现在疯狂世界里，不是由一般的自然规则造成，而是由截然不同的规则造成，这些规则与一般的自然规则并不冲突。这类真正的奇迹我们也将讨论到。第三章最后部分会谈到四种奇迹类型。但在谈奇迹类型前，需要引入另一个基本概念。

第三章

奇迹之源：哥德尔思想

如果你是研究院里最聪明的人，那你来错地方了。

本书是我第四本引用库尔特·哥德尔思想的书。虽然四本书引用哥德尔不完全性定理的数学内容没什么变化，但是，每次引用都是为了不同的目的。之所以一次又一次地对其加以引用，是因为哥德尔不完全性定理太重要了。

在《思维方式》(*Ways of Thinking*) 一书中，我用哥德尔不完全性定理说明，理性思维有其内在的局限性，要克服这一局限性，需要某种特定的诀窍，而这个诀窍就是人的直觉。在《道德运算》(*Moral Calculations*) 一书中我提到"合作"这一概念。这个看起来简单的概念实际非常难定义，甚至根本没法定义。不管如何定义合作行为，你都可以用哥德尔提出的方法构建下面这种多人游戏：如果游戏中的人都坚守合作，每个人都会输；如果都不合作，每个

第三章　奇迹之源：哥德尔思想

人都会赢。这样一来，就不存在一个明确普遍的最终解决方案去解决合作问题。我在《货币的演变》（The Evolution of Money）一书中指出，哥德尔提出的方法不仅足以推导出他全新的哲学定理，而且可以用来描述达尔文进化论中的一些核心机制，即可以用来描述生物进化、思想（模因）演变和经济（货币和资本）演变。因此，哥德尔的发现绝不仅仅是一种优秀、有效的数学方法，它还被证明是一种可以解释各种现象的自然机制。

在这一章，哥德尔思想告诉我们为什么在柯西分布的疯狂世界里还可能存在着其他类型的奇迹。第四章将会谈到，哥德尔的观点还帮助我们理解为什么我们总谈论某些行为和态度而不谈论其他一些行为和态度。另外，哥德尔的观点还会帮助我们为可能遇到的奇迹做好准备。

哥德尔不完全性定理

1931年，库尔特·哥德尔在《数学物理杂志》上发表了一篇文章，名为《论〈数学原理〉及有关系统的形式不可判定命题》（On Formally Undecidable Propositions of Principia Mathematica and Related Systems I）。这篇文章中的第六定理，后来和哥德尔的第一不完全性定理一样著名。第六定理如下：

> 每个具有 ω 一致性的递归类 κ 公式都有一个原始的递归类符号 r，使得 $\forall$（v, r）和 $\neg\forall$（v, r）都不属于 Conseq（k）。

其中，v 是 r 的自由变量。[1]

以上文字，哥德尔原文用的是德语，定理很复杂，外行读者很难读懂。用日常语言表述的话，定理的意思是：

一个数学系统，如果符合以下四个条件——（1）基于有限数量的公理（不加证明的命题）；（2）用完全形式化的方法建立；（3）含有的一个公理是无限的自然数系列（0 是自然数，每个自然数都有后位）；（4）不矛盾（也就是说具有一致性，即不可能在系统内同时证明一个命题的真伪）——那么，这个数学系统就肯定存在可以表达为系统内公式但在系统内不可证的命题。

哥德尔的不完全性定理对数学家和逻辑学家造成很大冲击。自从有现代数学后的 2 500 年以来，数学家坚信，每个可以准确清楚表达的数学断言迟早都可以通过数学的演绎推理方法证明其真伪。这一点是可以做到的，就看谁足够聪明能够找到证据证明了。但是，哥德尔的不完全性定理让他们的这一梦想破灭了。哥德尔不完全性定理说明，数学里有些断言不管是谁、有多聪明，都无法证明其真伪。

上面所列的四个条件既不严格也不深奥，适用于我们日常见到的大多数数学问题。哥德尔不完全性定理明确指出，除了最简单的数学系统，其余数学系统都会遇到用系统内方法解决不了的问题，

第三章 奇迹之源：哥德尔思想

即使是纯数学问题也是如此。因此，哥德尔不完全性定理得名"不完全性"。[2]

哥德尔式案例

哥德尔不完全性定理具有特别重要的意义，被誉为数学与逻辑发展史上的里程碑。囿于篇幅，本书不能对其进行更深入的探讨。不过好在有霍夫施塔特写的《GEB——一条永恒的金带》这本书。这本书本身就是一个小小的奇迹，甚至连出版商也没想到这本又厚又难懂的数学书竟然卖了数百万册。该书列举了哥德尔不完全性定理和哥德尔思想带来的很多意义深远的影响，是真正的黑天鹅。这本书大卖的一个原因，是霍夫施塔特成功地用简单的语言演绎出了哥德尔不完全性定理。书中，霍氏的数学用语完美精湛，没有任何复杂的数学公式。霍氏论述哥德尔不完全性定理时所用的篇幅与本书相当。

霍夫施塔特对哥德尔不完全性定理的论述可谓精彩绝伦，我就不赘述了。我要做的是用几个哥德尔式案例说明哥德尔不完全性定理的适用范围，以及它如何极大地改变了我们的思维方式。我希望，这几个案例可以说清楚，哥德尔看似晦涩难懂的定理为什么会成为我那三本一点也不难懂的书的共同的话题中心，以及哥德尔不完全性定理为什么还可以被用来解释奇迹之源。

有个村庄有这样一个规则：村里的理发师要给村里自己不刮脸的人刮脸，但不能给自己刮脸的人刮脸。那么，谁给理发师刮脸呢？首先，理发师不许给自己刮脸，因为他不能给自己刮脸的人刮脸。但是，如果他不自己刮脸的话，按照他必须给村里自己不刮脸的人刮脸的规则，他最后还是得给自己刮脸。这个问题涉及哥德尔不完全性定理，是一个没有解决方案的逻辑悖论，即理发师悖论。

当然，我们可以轻易得出结论说，这个村的村民订立的规则很愚蠢，人为地制造了一个悖论。但是，理发师悖论反映出了哥德尔不完全性定理的精髓：每个正式的法律体系都存在矛盾之处。这么说来，法律是愚蠢还是睿智并不重要，因为不管法律规定了什么样的内容，总有其应该适用却并不适用的场合。这种情况只要有人想得到，迟早就会去钻空子，逃避法律责任。这样一来，就会经常出现法律漏洞，而且是根本避免不了的法律漏洞。制定新法弥补原来的法律漏洞后，会出现新的法律漏洞，只好再次制定新法。如此一来，只会周而复始，无休无止。

以前，在匈牙利有些书被当局当作禁书。买卖或传播这些书，甚至读这些书，都是违法的。有时出于好奇，我会想去找出这些禁书的书名是什么，但从未成功过，因为书单本身也属于被禁之列，书单成了一个哥德尔概念。但政府禁止他人看的书，却不禁止自己看。天主教会1559—1966年所列的禁书清单，也是只禁止大众看，却不禁止自己看。

这就是独裁的本质，极端极权主义思想不仅在道德上站不住脚，而且还经常自相矛盾。这些思想是极权主义思想，因为这些思想对如何让人民生活幸福这类关乎人类生存的重要问题，给出的是完全形式化的答案，就像在处理纯粹的数学问题一样。但是，人类

第三章　奇迹之源：哥德尔思想

社会有无限多的价值体系和幸福形式，因此哥德尔不完全性定理的精神也适用于人类社会。没有哪一个意识形态会因为数学精确而能让人人幸福。每个社会里，都会不可避免地出现有些普通人因为社会规范的约束而无法自我实现的情况。如果一个社会声称它不存在这样的人，要么说明它在撒谎，要么说明它存在着不可调和的矛盾。稍微夸张地说，哥德尔不完全性定理明确指出：历史没有假设，我们没有答案。

在苏联治下生活过的东欧人认为，20世纪的苏联政权最终被推翻是个奇迹。当苏联还存在的时候，没有人能想象到它有一天会解体。当然，我们从亲身经历中知道，苏联充满矛盾，因此无法持续发展，但哥德尔不完全性定理并没有预测出苏联会解体。该定理只告诉我们奇迹出现的机制，但没有明确指出到底是哪种奇迹。

另外，哥德尔不完全性定理也适用于哲学分支——美学。由于美的类型是无限的，根据哥德尔不完全性定理，每个具有一致性的美学体系，总有一种类型的美（和一种类型的丑）不能在系统内被推断为美。艺术作品中自然会有很多适用哥德尔不完全性定理的优美的作品。论述哥德尔不完全性定理对美学的适用情况时，霍夫施塔特主要以埃舍尔的画和巴赫的乐曲为例。不过，文学作品中也有很多适用哥德尔不完全性定理的例子。

在波兰作家斯坦尼斯拉夫·莱姆所著科幻小说《机器人大师》（*The Cyberiad*）的一个短篇中，天才工程师特鲁尔给邪恶的国王曼迪隆制造了一个名叫完美顾问的机器人，造好后，曼迪隆马上让机器人顾问赶走特鲁尔，这样就不用付钱给特鲁尔了。[3]特鲁尔怎么才能拿到这笔钱呢？如果他让国王付钱，就必须与他亲手制造的完美机器人展开斗争。机器人顾问看穿了特鲁尔的所有计谋，不管特鲁尔怎么努力，机器人顾问都成功地帮国王避免了付钱给特鲁尔。不过，最终特鲁尔还是成功地要到了钱。特鲁尔的办法是给机器人顾问写信，信的内容充满了友爱。机器人顾问当然不是傻瓜，他看穿了特鲁尔的计谋，知道特鲁尔的目的，无非是要引起国王的猜疑。国王认为，这些信看似无害，背后肯定藏着密码。尽管机器人顾问让国王不要怀疑，但国王确信特鲁尔与机器人顾问之间有阴谋。后来，国王读到一封信，里面提到机器人顾问身上的紫色螺丝钉。读完信，国王马上命令手下拆掉机器人顾问，一直把机器人顾问拆到只剩下最后一颗螺丝钉。但是没有机器人顾问后，国王就再也敌不过特鲁尔超强的智力了，最后，只好把钱付给了特鲁尔。

特鲁尔总结道："曾经有人说，如果给他一个支点，他就能撬起整个地球。同样，要干掉一个完美的头脑，我必须找个支点，这个支点就是愚蠢。"[4] 特鲁尔一开始就知道，依据哥德尔不完全性定理，是存在这么一个支点的。不过，天才工程师特鲁尔还是破解了一个真正的哥德尔问题，最后战胜了完美的机器人顾问和国王曼迪隆，拿到了他应得的钱。

在阿根廷作家豪尔赫·路易斯·博尔赫斯的短篇小说《巴比伦彩票》(*The Lottery in Babylon*)[5] 中，巴比伦的彩票能改变命运，而命运总有好有坏。一个奴隶买不起彩票就偷了一张彩票，抽签时，他发现他赢的彩头是烧掉舌头。因为他的彩票是偷来的，所以他要

第三章　奇迹之源：哥德尔思想

受罚。按照巴比伦的法律，偷盗罪的处罚方式也是烧掉舌头。于是，难题出现了：这个奴隶是应该依照法律被烧掉舌头，还是应该像宽宏大量的居民们认为的那样，既然命运让他被烧掉舌头，那就按照命运的安排让他被烧掉舌头呢？这个哥德尔式的问题没有简单的答案。如果按照巴比伦的法律规定，只有在犯人被烧掉舌头的理由可以被明确说明的情况下，这个犯人才能被烧掉舌头，那么，奇迹就会在这个奴隶身上发生：他可以留着舌头，尽管从技术层面上讲，他应该被烧掉舌头两次。

哥德尔的妙计

用数字开玩笑的故事有很多。比如，火车车厢的客人用座位号开玩笑，精神病院的病人用自己的病号开玩笑，监狱囚犯用自己的代号开玩笑。第一个版本的故事里，车厢里新来了一个乘客，他随便喊出了一个数字，车厢里其他乘客都批评他，说他开的玩笑太可怕。在第二个版本的故事里，新来的病人随便喊出一个数字后，其他病人大笑不已，因为这是他们从未听过的玩笑，所以觉得好笑。

哥德尔想出来一个绝妙的点子：让每个数学陈述对应一个数。哥德尔的点子虽然完全不像上面那个故事一样让人捧腹大笑，但给每个数学陈述编码还是可行的。一旦每个数学陈述都对应一个数字，就可以进行下一步高层次的数学形式化。对数学陈述编码意味着排序。首先，每个数学陈述都可以表述为公式。比如，哥德尔文章中提到的《数学原理》中的系统。[6] 哥德尔先用单个符号对数学陈述编码，用完单个符号后（单个符号会用完的，因为这样的系统肯定只有有限数量的符号），接着用两个符号对数学陈述进行编码，以此类推。很明显，每个陈述迟早都会进入数字序列，对应上一个数。勾股定理对应一个数，2+2=4 的数学陈述对应一个数，平方差公式的分解因式 $a^2-b^2=(a+b)(a-b)$ 也对应着一个数。当然，每个错误的数学陈述也对应一个数，比如 2>3，2+2=5，以及错误的展开式 $(a+b)(a+b)=a^2+b^2$，都有对应的数。

接着，哥德尔将所有有效的数学证明都单独编了号。就像他对数学陈述所做的那样，他把用于确定数学陈述有效的数学证明，编码为一系列符合特定规则的逻辑公式。哥德尔把公式的编码方法同样用于数学证明的编码：一开始用单个符号表达数学证明，单个符号用完后，接着用两个符号表达数学证明，以此类推。最后，每个可能有效的演绎现在都有一个数标示它在整个格式良好的数学证明序列中的位置。数学证明是以长度排列的。每个数学证明，不管有多长，最后都会出现在数字序列中。

这样描述，某种程度上简化了哥德尔对每个数学公式和每个数学证明的实际编码情况。出于技术原因，哥德尔对数学公式和数学证明进行编码的系统实际上要更加复杂些。我在此描述的只是哥德尔的基本思路。对数学陈述和数学证明编码有一个重要目的，就是确保数字序列中出现一个奇怪的数学陈述。为纪念哥德尔，这个奇怪的数学陈述后来被冠以字母 G 表示。数学陈述 G 可以表述为：不存在一个自然数 x 可以证明数学陈述 G。换句话说，所有数学证明序列里都不存在数学陈述 G 的证明。

第三章　奇迹之源：哥德尔思想

哥德尔的点睛之笔在于，把这个奇怪的自我指涉的公式在数学上准确地表达了出来。接着，哥德尔继续证明数学陈述 G 是不能被证明的（也就是说，在他所列的证明序列里，没有 G 的数学证明）。G 的否定（即 $-G$）也是不能被证明的（因为 $-G$ 实际上是个错误的陈述）。如果 G 是火车车厢里一个数字玩笑的话，乘客们直到最后都还会说，不知道听到玩笑 G 后是该笑还是该批评，因为无法证明是该笑还是该批评。

注意，从 G 是真的这个意义上说，G 很明显是个"好的"玩笑；如果 G 不是真的，那么 $-G$ 就必定为真。存在一个自然数 x，使得 x 是 G 的证明，但因为 G 称不存在 x，这就意味着，自然数 x 证明了自己的不存在，而 G 肯定是真的。但如果 G 是真的，那么肯定可以把这一段数学陈述转为一系列有限的数学符号，这些数学符号会出现在数字序列中，在这个数字序列中，G 肯定不是真的。这就会出现理发师悖论。

与我们故事中那些爱开玩笑的人不同的是，数学家不糊涂，也不会争论不休。他们会试着接受数学就是这样的。实际上，有很多悬而未决的数学问题，最后被证明是一些不可证的数学陈述。所以，很显然，这些问题到最后谁也没能解开。[7]

超实数

几十年后，美国数学家亚伯拉罕·鲁滨逊有一天突然想到，把 $-G$ 作为一个新公理加入古典数学体系中会比较有趣。[8] 他推断说，

加入 $-G$ 这个新公理后，古典数学体系仍然是一个数学体系。如果古典数学体系具有一致性，即一个数学陈述与该数学陈述的否定不可能都被证明，那么，加入新公理后的数学体系也具有一致性。如果新的数学体系不具有一致性，就可以同时证明 G 和 $-G$。但是，既然新数学体系与古典数学体系的唯一区别在于加入了公理 $-G$，公理 $-G$ 不能被用来证明 G。因此，如果 G 在古典数学体系中能被证明，那 G 在新数学体系中也可以被证明。不过，哥德尔已经证明，G 在古典数学体系中是不能被证明的。如果新数学体系不具有一致性，就可以同时证明 G 和 $-G$，但是，既然 G 不能被用来证明 $-G$，那么，$-G$ 就可以在旧的体系中被证明。因此，如果把 $-G$ 加入古典数学体系中，会得到一个具有一致性的数学体系。当然，这一切都是基于最初古典数学具有一致性这一假设的。

但是，古典数学是否具有一致性，一点都不明确。多数数学家确信，古典数学具有一致性，但一直以来，谁也没有成功地证明过这一点。不过，他们知道，古典数学的一致性不可能只是一点点。几百年前就有人证明过，只要古典数学里有一个矛盾，那么对于每一个可以证明的数学陈述，其否定也是可以证明的。因此，数学要么具有完全的一致性，要么就是充满了矛盾。这很好地解释了为什么数学家会相信数学具有一致性。哥德尔对数学家的这一信念造成了巨大冲击，因为，根据哥德尔不完全性定理，任何一个足够大的数学体系，其一致性在系统内是不可证的。从某种意义上说，一致性存不存在将一直是个信仰问题。

如果一致性问题是个信仰问题，那亚伯拉罕·鲁滨逊的思想就

第三章　奇迹之源：哥德尔思想

会显得比较荒谬了。毕竟亚伯拉罕·鲁滨逊决定构建的数学体系里有一个他明知是错的公理。这就好像说，不知怎么我既是男人也是女人。当然，现实生活里，一个人是不可能既是男人又是女人的（雌雄同体者和双性人除外）。我要么是男人，要么是女人，没有人既是男人又是女人。但是，这种悖论存在于数学中。如果古典数学体系具有一致性，那么新数学体系也会具有一致性，因为新数学体系是鲁滨逊在古典数学体系中加入了一个独立的数学公理后形成的。从数学角度讲，新数学体系就像古典数学体系一样完整有序。因此，不妨看看新数学体系里面可以演绎出什么新定理。

结果证明，如果要在新数学体系里演绎出一个新定理，就不得不改变作为数学证明的哥德尔数的意义。新数学体系中加入 $-G$ 就需要补充一个"广义上的"自然数，霍夫施塔特将其称为"超自然数"，因为这是个超神奇的自然数。本书用 I 来称呼这个超自然数，因为这个数来自我们的想象。传统数学没有 I，不会出什么问题。但是，含有 $-G$ 的数学体系就必须用 I。运算中涉及 I，但得出的是传统数学的结果，I 就消失了，就像其他数学公式里的 i（-1 的平方根）在一些运算中消失一样，比如，$(1+i) \times (1-i)=2$。

《哈利·波特》迷还记得驶往霍格沃茨特魔法学校去的 9¾ 站台吗？9¾ 站台是想象中可以到任何地方去的道路中的一个站台。

鲁滨逊把超自然数加入实数集合后，将它们统称为"超实数"。超自然数 I 不可能是传统实数中的数字，因为这会让 G 在古典数学中可证。因此，I 不能是 0、1、2、3，也不能是其他实数。比较可行的做法是，将 I 视为大于所有实数，但仍然是个实数，不是个无限量的数。I可以双写，也有平方，II和I^2也是超实数。两个超实数可以加减，可以按照普通运算方式合写在一起，也可以按照普通运算方式和实数合写在一起。在新的数学体系中，$2I$和$I+3$都是有效数字。

出现超实数是因为传统的数学体系中新增了公理$-G$，既然公理$-G$独立于传统的数学体系，我们可以安全地用实数和超实数进行普通运算，不用担心运算结果会具有一致性，不会出现矛盾的结果（像往常一样，新的数学体系中运算结果没有矛盾的前提是，传统的数学体系具有一致性）。

那数字$1/I$是什么情况？既然I是大于所有实数的，因此$1/I$肯定小于所有正实数，当然，$1/I$本身也是正的。也就是说，数学体系含有"无穷"小的数。无穷小的数刚好就是牛顿和莱布尼茨发明微积分后数学家们一直在谈论的那种数字。无穷小的数对这些数学家而言是个抽象的存在，并不是个具体的数。但现在，竟然真的出现了这种数，一个"真正"无穷小的数！因为哥德尔不完全性定理出现了无穷小的数。鲁滨逊通过这些无穷小的数，发明了非标准分析的新微积分。[9]非标准分析把微分与积分这些让学微积分的大一学生头疼的晦涩难懂的运算转化为简单轻松的运算——把含有极限函数（或数列）的复杂运算变为用无穷小的数进行的简单运算。

但问题来了：这种运算体系中的加法和乘法变得异常复杂。已有证据证明，用超实数运算的非标准算数，其加法和乘法跟传统数学中的微积分一样复杂。用非标准算数时，不能自欺欺人地使用传

第三章 奇迹之源：哥德尔思想

统的加法和乘法，因为我们永远都不知道用于运算的数字是实数还是超实数。

很多科幻小说都提到，人类用数学向某个外星文明证明人类是有智慧的生物。但是，如果那个外星文明的数学是非标准数学呢？外星人甚至在看整数时，想法可能也跟我们截然不同。也许，外星人最小的孩子可以非常轻松地把微分题解出，而人类的数学可能只会让外星人认为人类是不发达的生物，因为人类的数字概念非常贫乏。看到人类连最简单的运动方程题解起来都有困难，外星人也许会感到震惊和沮丧。但当人类看到外星人连两个普通十位数相加的题都不怎么会做时，心中也会生出一种优越感。

如果这个外星文明用他们的外星数学实现了某个超出我们人类能力之外的技术成就，比如，发明了时光机，我们基本上可以明确地将时光机视为奇迹。如果外星人因为数学特别先进因而有了超出我们人类想象的发明，我们就会认为外星人的这个发明是个奇迹。由于不太会加法和乘法，也许外星人永远发现不了电学定律，因此，也会把人类的电动马达视为奇迹。

我们再回到之前提到的女神枪手菲比，看看她会用新的数字系统干什么。如果只用传统的实数（整数和非整数），我们就能表述真实世界里墙面上所有弹孔的落点，在有了超实数后，弹孔的落点就有了其他的可能性。比如，弹孔可能位于距离中心超远的 $I+3$ 公里处的墙面上，但出现这种弹孔的可能性无穷小，只有 $1/I$ 的可能性。但是请注意，这个无穷小不是 0。$1/I$ 绝对不等于实数 0，它大于 0，但小于所有正实数。因此，从某种意义上讲，是存在这样一个"基本"为 0 的可能性的。我们从未想过能出现可能性为 $1/I$ 的这种极其罕见的结果,但实际上却出现了。可能性为 $1/I$ 的弹孔落点跟普通的弹孔落点完全不同。只知道传统实数的人会将可能性为 $1/I$ 的弹孔落点(哥德尔不完全性定理让这种弹孔落点的出现成为可能)视为奇迹。

哥德尔、爱因斯坦和冯·诺依曼

谈到约翰·冯·诺依曼时,科学史学家雅各布·布朗劳斯基是这么认为的:"我知道的人中,他最聪明,再没有第二个。他是个天才。"[10] 冯·诺依曼还在读书的时候,他的同学就都知道他是个天才。不过,他的这些同学也不是一般人,他们都来自布达佩斯具有传奇色彩的卢瑟伦中学。这所中学培养出了许多闻名世界的科学家,比如物理学家尤金·维格纳、经济学家约翰·海萨尼和核物理学家爱德华·泰勒等人。诺依曼英年早逝,享年 53 岁,他在计算机体系结构、量子力学和博弈论等领域做了很多开拓性的工作。诺依曼去世几年后,有 5 人因博弈论获得了诺贝尔经济学奖,另有 10~12 个经济学家因为应用了诺依曼发明的数学方法而获得了诺贝尔奖。

诺依曼与常人无异,并不是一般人想象中那种天天心不在焉、异想天开的天才。不过,他爱思考,人虽然站在地上,但思想可能早就已经开始自由翱翔了。20 世纪 30 年代的时候,新成立的位于新泽西州的普林斯顿高等研究院邀请诺依曼到那里工作,当时诺依

第三章　奇迹之源：哥德尔思想

曼要求的年薪是 16 000 美元。这个工资在当时还是很高的。不过，他当时还提了一个条件：他希望能有比他更聪明的人到高等研究院工作。他认为，如果研究院里他最聪明，那他就来错地方了。幸运的是，阿尔伯特·爱因斯坦和赫尔曼·外尔当时已经被聘用，库尔特·哥德尔两年后也到了那里。爱因斯坦、外尔和哥德尔都是来自希特勒统治下的欧洲难民。

诺依曼问爱因斯坦想要多少薪水，爱因斯坦谦虚地说，他觉得年薪几千美元就可以了。诺依曼让爱因斯坦几天都别出现在研究院，就在这几天，他为爱因斯坦争取到了 18 000 美元的年薪。

爱因斯坦和哥德尔经常会花一整天时间到普林斯顿高等研究院附近的森林里远足。诺依曼或其他科学家偶尔也会加入，但大部分时间里，都只有爱因斯坦和哥德尔两个人。有一次远足，爱因斯坦和哥德尔一整天互相都没说过一句话。但是，他俩回家后，都告诉妻子说，两个人那天的谈话最为愉快。原来，沉默是跟谁分享的才是关键。

诺依曼是天才吗？多数数学家会回答说，是。有件事最能说明诺依曼确实具有无与伦比的天赋。20 世纪 40 年代民间数学故事里有一道难题：一枚硬币扔出去后，要做到硬币正面朝上、反面朝上和边缘直立的概率相同，这个硬币的厚度需要有多大？很明显，一枚普通硬币扔出去后边缘直立的情况较为少见。但是，如果边缘加厚，边缘直立的可能性就会提高。打个比方：如果硬币看起来像个易拉罐，边缘直立的概率常常会比正面朝上或反面朝上的概率还要高。所以，肯定存在一个介于正常硬币厚度和易拉罐高度之间的合适的宽度，能让硬币被扔出去后，出现正面朝上、反面朝上和边缘直立的概率相等的情况。那么，硬币到底得多厚呢？

我在数学系读大三的时候，也遇到过这个问题。要解这道题，明显要用到微积分，但计算起来实在太费劲了。我花了整整两周时间才算完所有必要的整数。（答案是：硬币的厚度与直径之比应该是 0.354。）据说，诺依曼是在美国一个晚会上听人提到这个问题的。当时他听完问题后，半分钟左右就说出了答案。参加晚会的人沸腾了，因为诺依曼肯定找到了一个即使没有数学头脑的人也能明白的解题妙招。他们满怀期待地走向他，问："约翰，你是怎么做到的？"诺依曼轻描淡写地回答："嗯，我只是算了算整数。"

依据本书衡量天才的标准看，诺依曼像高斯一样，不是天才。本书称他为天赋异禀的人。菲比站在几乎与墙面平行的地方的远射基本是意料之外的，但是，这个意料之外是"基本上的"，不是"完全的"。诺依曼的才华就是这个情况。他对整数运算的速度之快基本上是人们意料之外的，这说明，他能非常快地完成一件事，但不能说明他想到的解题方法之前没有人想到过。诺依曼可能也是这么看自己的。他认为哥德尔和爱因斯坦比他聪明。不过请注意，爱因斯坦年薪的故事说明，在普通事情上，诺依曼更聪明些。不过，诺依曼从未有过像哥德尔和爱因斯坦那样的思想，哥德尔和爱因斯坦不管从哪个角度看都是天才。诺依曼有才华的另一个表现是，他是最早意识到哥德尔不完全性定理重要性的数学家之一，而且很快放弃了他在数学逻辑方面的研究。

哥德尔和爱因斯坦这两大天才都付出了自己的代价。很多心理

第三章 奇迹之源：哥德尔思想

学家发现爱因斯坦可能患有阿斯伯格综合征。阿斯伯格综合征是一种轻微的自闭症。哥德尔则明显患有偏执型精神障碍。举个例子，哥德尔总认为有人给他的食物下毒了，他妻子或爱因斯坦尝过后他才吃。后来妻子住院没人为他尝了（那时爱因斯坦去世已经很久了），他就一直不吃饭，结果饿死了，死的时候才72岁。

我不是想强调天才都是疯子这一刻板印象。没有科学证据证明天才都是疯子，要确定这种说法，要先有数量众多的天才才行。也许牛顿是个反例，尽管他死后被诊断患了自闭症（至少是阿斯伯格综合征）、双相障碍或偏执型精神障碍。[11] 牛顿可能什么病都有，也可能什么病都没有，完全健康。他只是才华特别出众。他才华横溢，当然会鹤立鸡群。牛顿被委以重任，担任的重要职位先后有剑桥大学卢卡斯数学教授、英国皇家学会主席、英国皇家造币厂督办和厂长。

爱因斯坦和哥德尔的故事以及他们与诺依曼的区别，并没有证明天才的大脑与极高天赋的人的大脑具有什么本质性区别。但是，这些故事说明了我为什么认为天才是真正的奇迹。当然，我朋友亚历克斯会反对我这么说。

不过，也许亚历克斯是对的。如果考虑到超实数的存在，那么天才就是射出普通子弹的神枪手菲比那个出人意料的远射。不过在只知道传统数字的我们看来，这个远射的可能性好像是0，其实它只是无穷小，并不是0。

四种奇迹类型

我们一直在谈奇迹,却没有给奇迹下定义,这很不明智。谈奇迹就该给奇迹下定义。下面将专门讨论一下什么是奇迹。人类创造性地使用语言。词,不仅有字面意义,还有比喻意义。一个词,这个时间是这个意义,过段时间,会有其他新的意义。这解释了为什么一个词会有多种意义。在《韦氏词典》中,奇迹有以下四种定义:

1. 值得钦佩的奇妙事:奇妙事情中真正卓越的代表。
2. 杰出的或不寻常的成就或事件,似乎超出了人类的能力或努力。
3. 物理世界中偏离自然规则的事件或变化。
4. 神迹或神对人类事务干预的特殊事件。

这四个定义是按照神奇的程度排列的,从定义1到定义4,神奇程度越来越高。可以忽视定义1,因为我对诸如在一个县城的集市上获得奶酪奖这样的"奇迹"不感兴趣,对查尔斯·狄更斯《大卫·科波菲尔》中米考伯先生阻止尤来亚抢走一封重要的信这样的"奇迹"[①]也不感兴趣。

[①] 奇迹一词出现在《大卫·科波菲尔》中的这一部分:"尤来亚……朝着信冲过来,好像要把信撕碎。米考伯先生身体完美、奇迹般地灵活,也可能是靠运气,一下子就用尺子压住了尤来亚往前伸出的指关节,制服了尤来亚的右手。"

第三章 奇迹之源：哥德尔思想

我们把符合定义 2 的事件称为"伪奇迹"。伪奇迹是均数的大偏差，会时不时地出现在疯狂世界里。伪奇迹不是本书定义的那种奇迹，因为伪奇迹的重现可以在统计上预测出来。伪奇迹只是少见而已。依据疯狂世界的规则（源自柯西分布参数），伪奇迹最终会终结。

为了给真正的奇迹下一个定义，我想将定义 3 改为：奇迹指那些违背自然规则、不能被现有科学解释的现象。如果哥德尔不完全性定理没有通过形式化数学让我们相信，但它起码在精神上让我们相信，不管科学如何进步，总会出现这种违背自然规则、科学解释不了的现象。

最后，我们将符合定义 4 中因为神的干预而出现的现象称为超验奇迹。超验奇迹永远没有科学解释，因为这种奇迹的存在总是跟信仰有关。

伪奇迹可能不是"真正"的奇迹，但它们看起来会非常奇异。我作为一个国际数学奥林匹克奖章获得者，用铅笔和白纸辛苦演算了两周才解开的题，诺依曼只用了 30 秒。对我而言，这似乎就是奇迹。即使诺依曼不是用了 30 秒——并没有人用计时器记下他当时解题到底用了多少时间，也许他用了一分钟或两分钟——但是，这么快就解开题还是让人惊叹不已。我这个天赋一般的数学家跟一个世纪才出这么一两个的极富天赋的人的差距就是如此大。因此，我们有充分的理由将诺依曼、高斯或柯西这样的数学家视为日常意义上的奇迹。不过，这些日常意义上的奇迹用疯狂世界科学可以很好地加以解释。

真正的奇迹就不同了。如果是真正的奇迹，科学是解释不了的，就像现有科学不能完全解释苏联解体或柏林墙倒塌一样。不过，依据哥德尔不完全性定理，我们知道了，真正的奇迹随时都有可能发生，不仅发生在温和世界，也会发生在疯狂世界，而且会非常突然地发生。因此，提前做好准备并不断积累经验还是有必要的。尽管我们无法预测奇迹，但起码可以适应它们的存在，不让它们造成严重损害。另外，如果奇迹是正面的，就好好地加以利用。

我堂妹皮肤感染很严重。我做内科医生的叔叔（我这位堂妹的父亲）咨询了一下他皮肤科的同事。之后，叔叔的这位同事让我堂妹到他那里，对她进行了精心治疗，给她用上最新的药。但是，几个月过去了，她的感染还是没有好。一天晚上家庭聚餐时，我父亲问了我叔叔一个出乎意料的问题："假设你是斯洛文尼亚边境上一个偏远村庄里的家庭医生，你会怎么治疗你小女儿？"我叔叔不假思索地回答道："我当然会给她敷洋甘菊软膏。"后来，他给堂妹用了这种药，堂妹三天就痊愈了。根据现代医学，我们见证了一个真正的奇迹。不过，100年前，这根本不能算作什么奇迹，因为那时候这种情况他们会首先想到用洋甘菊软膏，而且用后病好了人们也不会惊讶。也许可以这么说，100年前，这不算奇迹，因为那时候的医学能够解释这种皮肤感染的成因，也解释得清洋甘菊软膏为什么可以治愈这种感染。

超验奇迹是严格意义上的诚实对神的奇迹。科学、数学或统计学都无法解释超验奇迹，尽管在信徒看来，神迹是可以用信仰加以解释的。但是，我是科学头脑，不会对神迹和我所称的真正的奇迹

第三章 奇迹之源：哥德尔思想

加以区分，不会回答是否真的有超验奇迹，也不会回答科学是否最终能够解释所有奇迹。但有一件事是明确的：科学难以解释天才。

这四种奇迹的定义只是基本的定义，并未提及奇迹的关键特征。奇迹的关键特征是唯一性和不可重复性。我们会谈到，有些疯狂世界的现象虽然不一定具有不可重复性，但肯定具有不可预测性。本书第三部分还会回到这个话题。最让人好奇（如果你愿意，可以用"奇迹"一词）的是，这些结果并非来自充满奇迹的科学门类，而是从完全没有奇迹的、日常的、温和世界的科学方法中得到的结果。

富人的废物堆比穷人的所有财产更值钱。

第二部分
温和世界

第四章
正态分布的力量

有些自然规则让世界成为温和世界，有些则让世界成为疯狂世界。

查理·达尔文的表弟弗朗西斯·高尔顿爵士（1822—1911）是一位真正的通才。他发现了反气旋这种气象现象，是建议进行指纹识别的第一人，也是绘制纳米比亚部分地区地图的第一人。他研究祷告是否可以延年益寿后，指出祷告并没有这种作用；他还是将平均差与标准差概念引入心理学的第一人。[1]高尔顿之所以用这些数学概念，是因为尽管他研究的是温和世界，但相比于平均值，他对极端值更感兴趣。比如，他想发现非凡智力到底在多大程度上是遗传的。

高尔顿研究了智力远超出平均值的父母，想看看他们的孩子智力情况如何。高尔顿开始他的研究时，标准智力测验和其他心理测试工具还没有被开发出来。他当时用了优秀这一定性的概念对他的研究对象进行归类。法官、科学家、政界要员和名医都被归入"远

第四章　正态分布的力量

高于平均值"类。高尔顿生活在维多利亚时代，那个时代这类职业只对男性开放，因此高尔顿当时只研究了父亲与儿子。他通过研究发现，优秀父亲的儿子，其平均智力高于大众的平均值，不过，整体上不如自己的父亲优秀。为什么会出现这种情况呢？难道这意味着世界趋于平庸？也许在温和世界，情况的确如此，因为温和世界的各种现象都聚集在均数附近。但在疯狂世界里，各种现象一般不会趋于均数。

当然，儿子除了遗传自父亲，还有母亲。也许母亲才应该对儿子智力的下降负责任。于是，高尔顿又研究了单亲家庭的情况。之后，他没有再研究父亲对儿子的智力遗传情况，而是开始对无性繁殖的烟草植物的后代进行了研究。他研究了烟草植物的一个明显特征——叶长。烟叶叶长比人类智力容易观察多了。高尔顿发现，长叶烟的第二代，其叶长大于平均值，但整体上没有第一代烟叶长。

均值回归

这样看来，似乎导致优秀父亲的儿子不怎么优秀的，并不是有性繁殖。但这一发现并没有让研究变得更容易。高尔顿将这种现象称为"均值回归"，即向均值靠近。但是，对这种现象命名并不等于解释了这种现象。为什么总人口的智力情况没有随着时间的推移变得更靠近平均值呢？实际生活中，总人口的智力情况的确没有更靠近平均值。高尔顿考察了几代烟叶后，发现每一代烟叶，不仅其平均叶长基本相同，就连标准差也大致相同：每一代特长的烟叶占比大致相同。因此，烟草植物并没有趋于平庸，人类也没有趋于平庸，每个时代都有优秀人才。

高尔顿做出推断说，如果智力非凡的人并没有生出智力非凡的下一代，那肯定会出现这种情况：平均智力或略高于平均智力的人会生出优秀的下一代。于是，他决定进行反向研究。反向研究不是研究智力非凡的父亲的儿子，而是研究智力非凡的儿子的父亲。父亲的智力有可能遗传给儿子，但儿子的智力是不可能逆向影响到父亲的。高尔顿的表哥查理·达尔文否认存在生物优化。达尔文认为，生物进化是生物对环境偶然适应的结果，不是生物优化的结果。达尔文的这一发现让高尔顿的反向研究变得更为合理。

由于人类智力非常复杂，高尔顿决定找一个他可以准确研究的变量。他对烟叶进行了反向研究。反向研究的结果跟正向研究结果完全相符：特长烟叶的上一代比这一代要短，不过仍然比平均值长。之后，他又对人的智力进行了反向研究。他发现，智力非凡的孩子的父亲，其智力高于平均智力，但总体上不如孩子的智力高。有了烟叶反向研究的结果后，这一研究结果并没有让高尔顿感到吃惊。

特低智力也出现均值回归现象。特低智力经过几代后慢慢向平均智力靠近。不过，平均智力或略低于平均智力的父亲，他们的孩子也出现了特低智力的情况。

因此，均值回归是个纯粹的数学现象。赋值了的两个独立变量，总会出现均值回归现象。变量类型和研究对象类型并不重要，这种回归是用以分析整个研究对象的数学结构的一个特征，而不是人、烟叶或某些遗传参数的特征。

第四章　正态分布的力量

我举一个极端的例子来说明这一点。比如，我宣称自己是个法力无边的巫师，可以用咒语扭转命运，消除坏运气。注意看，我开始施法了！我让1 000个人都掷3次色子。平均而言，约有5人会掷出坏运气，比如，3次都是1个点。很明显，掷出这种色子的人很晦气。不过，没关系，我可以驱除他们身上的晦气：我念咒语，让他们重掷。这5个人第二回掷色子时一连三次都掷出1个点的情况极不可能发生。于是，我宣布，他们被我治愈了，我成功地驱除了他们身上的晦气！但实际上，这5个人只不过是服从了均值回归的数学规则而已。

这个例子很极端，因为第一回和第二回掷色子互不相关。很明显，第二回掷色子并没有"遗传"第一回的运气。如果第二回掷色子遗传了第一回的运气，而且完全遗传第一回的运气，那么，不管我怎么念咒语，第一回掷色子一连三次都掷出一个点的人，第二次掷时，还是会一连三次都掷出一个点。

生物遗传一般不会出现两次都掷出一点这种极端情况：父母身上的特征孩子会部分遗传，但不会是全部遗传。即使是无性繁殖，情况也是如此。均值回归的情况一直都会出现，但是绝不会出现两次都掷出一个点的极端情况。孩子对父母的遗传越强、越完全，就越不容易均值回归；孩子对父母的遗传越弱，越容易均值回归。

均值回归这一数学现象甚至不一定跟遗传相关。"回归"实际上是一系列统计方法，用来考察一个变量的值与另一个变量的值的关系。从变量A推断出变量B和从变量B推断出变量A，是有区别的。举例说明。体重为200磅（约90公斤）的男性，平均身高约 1.83 米。但是，1.83 米高的男性，平均体重就不是 200 磅或 190 磅（约 86 公斤）了。这种情况没什么好吃惊的，因为很矮的人有可能体重会达几百磅，把平均身高拉低。但有时候，结果会很违背我们的直觉。比如，预测地球人口什么时候会达到 100 亿时，有人口和时间两个变量。依据手头资料推断哪年人口最有可能达到 100 亿（从人口值推断时间值）时，我们得出的答案是 2050 年。但是，依据同样的资料推断 2050 年地球人口会达到多少亿（从时间值推断人口值）时，我们得出的最准确的答案则是 93 亿。这两个不同的答案并不互相矛盾。

奖励和惩罚

心理学家会经常研究奖励和惩罚的效果问题。很多研究发现，得到奖励后人会退步，而受到惩罚后则会进步。因此，很多人得出结论说，惩罚有积极效果，而奖励则带来消极后果。不过，这是个错误的结论，因为这个结论忽视了均值回归现象。均值回归不是奖励或惩罚引起的，而是语料分析方法带来的结果。研究时如果考虑到均值回归，正确结论也许正好与上述结论相反。

表现得比平常好，会得到奖励；比平常差，就受到惩罚。均值回归现象显示，在没有奖励或惩罚的情况下，好表现之后经常会出现差表现，差表现之后可能会出现好表现。如果不考虑均值回归，就无法对奖励和惩罚的效果做出评价。

研究进步或退步程度时，必须比较外在影响（奖励、惩罚）。

第四章　正态分布的力量

平均而言，如果表现好之后没有奖励相比有奖励退步了，说明奖励还是有用的。同理，即使存在惩罚后进步的情况，惩罚仍然可能会导致退步，因为如果没有惩罚，进步的程度可能会更大。

如果不知道均值回归现象，我们可能就会被愚弄，以为奖励不好、惩罚好，因为已有研究得出的都是这种错误结论。实际上，情况远比这个更复杂。有些场合，奖励有益；但有些场合，奖励却有害。惩罚也是如此，有时候有益，有时候有害。奖励或惩罚的效果因场合的不同和人个性的不同而不同。奖励或惩罚对有些人甚至一点效果都没有，这些人用威廉·欧内斯特·亨利的诗《不可征服》（Invictus）来形容最贴切不过了：

无论我要穿过的那扇门有多窄，
无论我将肩负怎样的责罚，
我是命运的主宰，
我是灵魂的统帅。[2]

多样性与稳定性

尽管存在诸如此类的复杂情况，不过，人们还是会问为什么均值回归不会导致整个人类变得一模一样，或者至少变得越来越靠近平均值？可能看起来人类应该会变得越来越靠近平均值，但事实却表明，人类不会变得一模一样。

在高尔顿的研究中，几代烟叶的叶长分布情况没有什么变化。

实际上，烟叶叶长分布情况完全服从正态分布。高尔顿研究烟叶叶长前，正态分布已经提出了几十年。高尔顿发现，如果一群人的某个特点呈现正态分布，那么从严格的数学意义上讲，智力普通的个体的后代中会出现高智力者这一情况，会对均值回归现象起到平衡作用。即使在均值回归的情况下，人口也会维持多样性和稳定性，因为这是正态分布的数学特征决定的。

后来，数学家们发现，只有在基本为正态分布的情况下，才会出现高尔顿发现的那种多样性与稳定性关系。[3]因此，可以把正态分布视为稳定性的来源：尽管存在均值回归情况，但是正态分布能够让总人口一代一代基本相同。

当然，随着时间的推移，人口的确会发生变化。比如，最近100年里，人类长得更高了。人类身高变得更高，一方面是受益于医学进步，另一方面则是营养不良情况大大改善的缘故。不过，有一点很明确，人类最近几十年已经停止长高了，起码发达国家的情况是这样的。未来几代人的身高在平均值和标准差等各方面，也许会跟我们这代人基本相同，出现了一个新的稳定的身高状况。高斯曲线会有变动，但是仍然是一个高斯曲线。

均值回归规则在温和世界和疯狂世界中都存在，但由于只有高斯曲线这样的曲线才能确保出现人口的稳定性，因此，稳定性就只会出现在温和世界里。这就是我们不能小视传统的温和世界科学的原因，尽管温和世界的科学无法对一些现象进行充分解释（或建立模型）。每个人在内心深处都向往稳定性，而且有些种群已经实现了这一点。比如，蟑螂和老鼠几百万年前就已经实现了稳定性，它

第四章 正态分布的力量

们的大小比例以及颜色深浅等特点都一直保持。现实世界中有很多现象可以很好地依据温和世界规则建立模型进行分析。

温和世界存在稳定性，不意味着疯狂世界不能存在稳定性。以弗所的赫拉克利特说（据说他这么说过），没有什么是永恒的，唯一的永恒就是变化。这句2 500年前的格言恰到好处地描述了疯狂世界里存在的稳定形式。疯狂世界里，蟑螂的稳定性是不可想象的。但是，尽管疯狂世界是疯狂的，它也存在着自然规则。有些自然规则让世界成为温和世界，有些则让世界成为疯狂世界。我们生活的世界是这些非常不同的自然规则共同作用的结果。

豆子机器

弗朗西斯·高尔顿发明了一种名叫高尔顿盒子（见图6）的设备，这个盒子也被称为豆子机器，用来展示著名的概率论。球（也许是豆子）从上方的口进入，假设球一层一层往下落，落到左边和右边的概率相同，落到底部柱子的左边和右边的概率也相同，那么，球会按照所谓的二项分布落进底部的槽里。随着槽内的球落得越来越多，球在槽内形成的曲线会越来越靠近高斯分布。1920年，乔治·波伊亚发表的一篇文章从数学上证明了这一现象，波伊亚把他的定理称为中心极限定理。"中心"一词反映了这一概念在概率论中的作用。一会儿我们将看到，波伊亚定理（中心极限定理）还可以对大自然的一个重要的造物方法进行解释，大自然的这些造物方法很偶然地让世界成为温和世界。

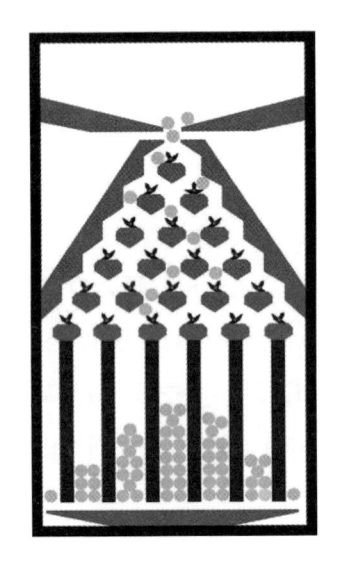

图 6. 豆子机器（绘制者：维拉·梅洛）

为什么更多的球落入了中间槽而不是左边和右边的槽，这很容易理解。球要落到中间槽里，得先往左右边各落 3 次。有很多方式可以做到这一点。比如，左边 1 次右边 2 次，接着，左边 2 次右边 1 次（左右右、左左右），或者左左右、右右左。当然，还有其他可能的下落方式。往左往右落的组合方式总共有 20 种。但是，球要落到左边槽或右边槽里，要每次路径一样，往左 6 次，往右 6 次，而且，只有一种方式完成一次这样的下落。因此，许许多多球落下后，中间槽内的球的数量会是左边或右边槽内球的数量的 20 倍。

不过，要理解为什么球形成的二项曲线会靠近高斯分布就比较难了。为什么不是柯西分布或其他没有提到过的分布？答案就深藏在中心极限定理中。[4] 高尔顿盒子里的球跟菲比的弹孔不同。菲比

第四章 正态分布的力量

的弹孔服从柯西分布；高尔顿盒子里的球则服从高斯分布，而且没有大的偏差。假设我们造了一个很大的游戏平台，而且这个游戏平台有 100 行和 100 列，每秒往下落 1 000 个球，亿万年后，会有一个球落到 1 号或 100 号槽内。这时候，菲比早就将子弹射进离中心相应距离的墙上了。

中心极限定理尤其可以很好地解释生物学现象。[5] 打个比方说，某个生物特征（比如身高）的形成受很多小成分的影响，各个小成分可以从很多值中得到一个值，这个生物特征的分布模型就会是各个小成分独立分布模型之整体分布情形。依据中心极限定理，这个生物特征整体上的分布服从正态分布。这正是豆子机器展示的情况。假设影响身高的基因有 60 个，每个基因又都有高个和矮个两种基因类型。一个人高个基因越多，身高就会越高。假设我们将矮个基因视为往左落，将高个基因视为往右落，那么，要长得最高，就需要获得所有 60 个高个基因才行，依据数学模型，就相当于连着往右落 60 次。类似地，要长得最矮，就需要获得所有 60 个矮个基因，相当于连续往左落 60 次。多数人既有高个基因又有矮个基因，拥有的高个与矮个基因的比例就跟豆子机器中落在各个槽内的球的比例一样。

有一点很明确，决定身高的因素既有环境因素也有基因因素。很多基因影响了我们的身高，但这些基因的影响都不大。环境因素也影响身高，比如，儿时的饮食情况会影响身高。智力的情况跟这个很类似。我们可以用一个简化了的模型来看一下人的智力情况。影响智力的因素包括数量很少的已知基因因素以及各种各样的环境因素（比如，儿时的营养状况和儿童牙牙学语的方式）。没有人能拥有促成高智力的所有因素。但是，获得更多高智力因素的人，智力大概会更高些。这一结果也跟豆子机器的数学模型一模一样。

当然，生物学现象比豆子机器要复杂得多。球最终落地前的各个动作——往左往右落的动作——相互之间不相关，互相独立。球在每一层往左落或往右落的动作不受其在上一层往左落或往右落动作的影响。正是球各个动作相互独立这一点才让豆子机器靠近正态分布。

这种独立性在生物体系统中很少见。影响生物特征的因素，比如基因或环境影响，一般不会独立于其他因素。另外，生物特征的最终形成往往会受到不同因素不同程度的影响。所以，实际上，豆子机器只是在有限程度上为生物世界建立了模型。

多成分相互作用下的稳定性

当然，尽管很多类型的中心极限定理已经被证明了，说明二项分布的随机变量也靠近正态分布，但是，数学家们还是没有完全接受这一切。比如，上文已经指出，影响一个生物特征形成的各个小成分的量值不尽相同。在豆子机器中，球在有些层会连续两三列都落向左边或右边（实际操作中这种情况特别难出现）。不过，最后出现的数学结果还是底部槽里的球服从正态分布。球在某一层的运动不必完全独立于下一层的运动。比如，某一层的某个球可能一定程度上受到它在上一层往哪个方向落的影响。中心极限定理的其他随机变量仍在被发现的过程中。根据中心极限定理已有的随机变量，可以大致归纳如下：如果一个特征的形成受很多小成分的影响

第四章 正态分布的力量

("小"是指这些成分中没有一个成分能够支配其他成分），而且这些成分相互之间不是高度依赖关系（几个成分影响不了其他成分的值），那么，这个特征整体上服从高斯分布。

图 7 中的曲线看起来很像曾经出现过的高斯曲线，除了值为 70 时出现一个凸起外，曲线的其他部分都很平滑。凸起部分代表唐氏综合征人群。

唐氏综合征是异常的第 21 条染色体引起的遗传疾病。这条异常染色体对智力的影响很大，基本上压制住了其他染色体的影响。第 21 条染色体的支配性影响并没有使唐氏综合征患者陷入完全的智力缺陷，但是，多数患上唐氏综合征的成年人的智商都在 50~70 之间，影响智力发展的其他因素对提高唐氏综合征者的智商起不到多大作用。就智力而言，很难再出现像第 21 染色体这样的支配性因素，因此智力分布曲线上不会出现其他异常的凸起（新生儿患唐氏综合征的概率是千分之一）。

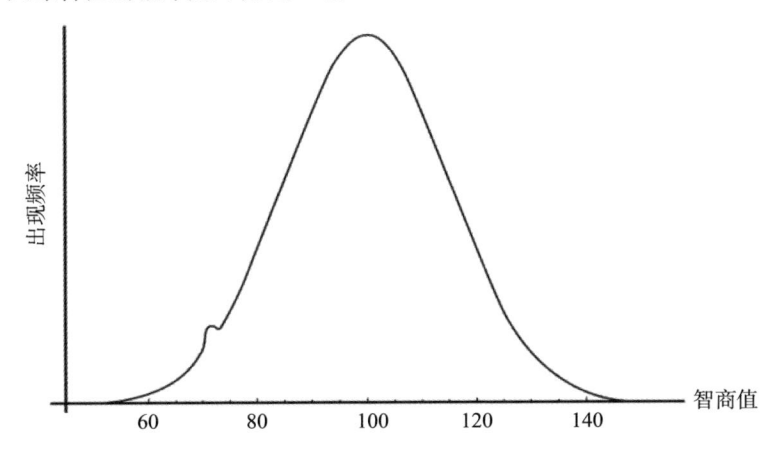

图 7. 智商值分布（约瑟夫·本茨根据 Kun and Szakács 的数据绘制）

人的身高也是这种分布情况。一些基因成分不可避免地让人长得特别高或特别矮。身高分布非常服从正态分布，曲线中有几个凸起的地方。但体脂的情况就不同了（我们将在下一章谈到）。

大自然能够造出像生物群体这样的稳定结构，中心极限定理从数学上为此进行了解释。也许，大自然在宇宙中实验性地造物，试试这个，试试那个，建造了稳定结构也建造了不稳定结构，最后存活下来的是稳定结构。根据我们所了解的物理学（把宇宙大爆炸视为宇宙开端的那个物理学）以及生物进化论规则，实现稳定性的一个有效途径是让一些具有相似作用的基本相互独立的成分共同作用，形成一个特征。一个特征如果是由各个成分共同作用才能形成的话，这个特征就会大致服从正态分布，也就能在每一代中都保持稳定状态（除非环境突变）。

尽管大自然造物时已经尽了力（也许事物的属性就是如此），但有时候大自然造物时还是无法做到让每个特征的形成都依赖于许许多多小成分的相互作用。有时候，就像唐氏综合征，会出现一个小成分支配其他所有小成分的情况。只要不出现这种支配性成分，大自然在造物时，让每个特征的形成都依赖于许许多多小成分的相互作用，各个大致相互独立的成分的相互作用一般就足以确保这个特征的稳定性。

我不知道大自然造物时依赖什么样的指导原则，其指导原则是实现万物的稳定性，还是只是将许多小成分组装成万物，而稳定性只是专业过程的一个偶然结果。不管大自然造物时依赖的是两者中的哪一个，中心极限定理都解释了为什么大自然中有这么多东西按

第四章 正态分布的力量

照温和世界规则运行,为什么疯狂世界的不稳定性并不是处处可见。我们谈论柯西分布时,提到菲比射出的子弹打中墙面的决定性因素只有一个,即她旋转后停下的角度。她停下后基本与墙面平行时,角度上微小的区别就可以带来结果上巨大的不同。所以,自然而然,弹孔落点的分布结果是疯狂世界现象,即传统意义上的不稳定状态。在温和世界里,现象的形成是许多小成分相互作用的结果。温和世界存在稳定性,也有定义得非常好的平均值(均数)以及偏离均数的标准差等概念。但在疯狂世界里,没有什么是正常的,唯一正常的就是不正常。疯狂世界里什么事都有可能出现,而且出现的各种各样的现象都没有标准差。

温和世界和疯狂世界的根本区别在于,高斯曲线是温和世界的基础,服从高斯曲线的现象的形成往往依赖于许多小成分的相互作用,因此,只要不出现支配其他小成分的小成分,这些现象就具有稳定性。这一点,当今数学家在理论上都熟知,但是还需要在实践中去发现。为达到此目的,需要许多杰出人士去探索、去思考,这些人有1733年发现中心极限定理第一版的亚伯拉罕·棣莫弗、高斯、高尔顿、波伊亚以及当今那些一直在发现中心极限定理新的随机变量并将之应用于自然与社会现象的研究人员。

完全不对称带来的完全对称

另外,数学家还从另一个角度对中心极限定理进行了说明。豆子机器的对称性(球在每层往左往右落下的概率相同)让生物学家很难将这个数学设备作为模型应用于生物界。在生物界，自然选择更倾向于某些基因（那些有选择优势的基因）而不倾向于其他基因。如果要用豆子机器模型分析自然选择，就可以假设，球往右落比往左落多一个生存机会。数学家研究了游戏平台倾斜后发生的情况。假设每一层球落在一个可以往左或往右倾斜的杠杆上，这些杠杆都像个小螺旋桨一样往左（逆时针方向）旋转，结果，球会更容易往左落而不是往右落。如果螺旋桨转得更快，球基本上就会一直往左落。转得慢些的话，球往左边落的概率会相应降低一些。

豆子机器往左倾斜后，球不再对称地落到底部的槽内，更多的球会落到左边槽内，右边槽内的球较少。但是，如果游戏平台够宽够大的话，球会再次靠近高斯曲线，只是曲线的最高点会出现在左边的某个位置。螺旋桨转得越快，最高点就可能出现在曲线越左边的位置。倾斜了的游戏平台仍然服从中心极限定理。

倾斜了的游戏平台的数学模型反映了正态分布的一个有趣的特征。高斯曲线是完全对称的，但是其对称性可能来自不对称的成分。在温和世界里，完全不对称可能带来完全对称，而且完全不对称经常会带来完全对称。

图8是一个分形（分形将在本书第三部分谈到）。图8中的分形根本不对称，但很有规则感。我把这个图放在这里是一个为了展示温和世界和疯狂世界的一个基本区别。温和世界里，即使是完全的不对称也可能带来完全的对称；而在疯狂世界里，即使是一个完全对称的原则（这个原则被称为标度不变性和自相似性）也可能导

第四章　正态分布的力量

致不对称。图 8 中显示的图案打眼一看好像很对称，但其实这个图比单纯的对称要复杂得多。

图 8. 分形图

第五章
温和世界的极端值

如果心理永远年轻，那么看问题就没有深度。

上一章中提到完全不对称可能带来完全对称的正态分布。不过，有些现象天生就呈现不对称分布，不对称是这些现象的本来面目。例如，家庭收入分布（见图9）就是不对称的，因为家庭收入有硬性的下限0，但没有上限。我们没有期望高斯曲线完全对称，所以也没有期望高斯曲线会非常精确地分析收入分布。不过，因为家庭收入由许多因素决定，中心极限定理的某个版本应该适用于分析收入。不过，这种想法遭到了否定，不仅仅是因为分布图缺乏对称性，而且还因为分布图上的其他一些情况。从图9可以看出，右侧条柱靠近横轴的速度比高斯曲线慢得多，但比柯西曲线快得多，事实上，图9更接近柯西分布而不是正态分布。的确，最后两个条柱显示，分布图后半部分开始出现的长尾可以持续很长时间。超高

第五章 温和世界的极端值

收入不仅存在而且一点也不少见。[1] 这是不是说明，家庭收入是疯狂世界现象？

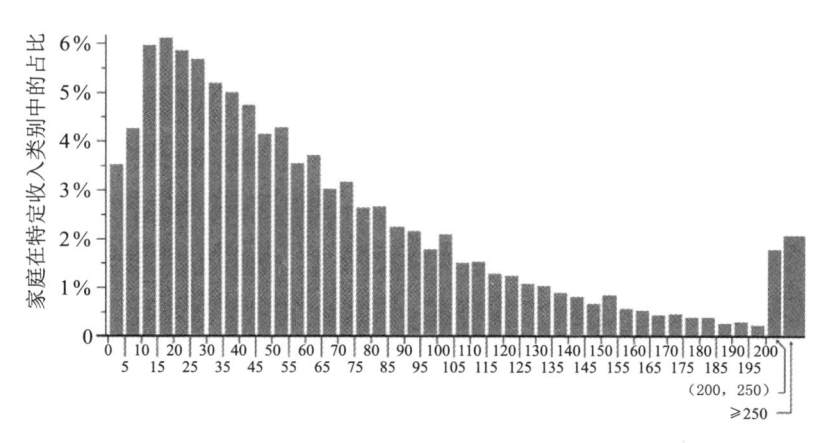

图 9. 美国 2010 年家庭收入分布情况（约瑟夫·本茨根据美国人口普查局网站资料绘制）

对数正态分布

尽管图 9 表面上存在这些情况，高斯曲线还是可以用来分析图 9 的家庭收入分布情况。如果我们用对数来计算收入，使得 X 轴上从 1 美元到 10 美元的距离等于从 10 美元到 100 美元的距离，依此类推，曲线会变为一个很典型、很准确的正态分布。我们称这种分布为对数正态分布，因为用对数来计算收入时，分布看起来是正态的。尽管的确存在收入超高现象，但收入并不属于疯狂世界现象，因为高斯曲线仍然可以很好地呈现家庭收入分布情况。家庭收入分布还属于温和世界现象。

借助对数，数学家才发现了中心极限定理的新版本。[2] 如果某个特征的形成依赖于几个小成分的相互作用，而且这些小成分相互之间的依赖性不强，一边（左边或右边）的值有上限或下限，而另一边的值却无上限或下限，那么，这个特征整体上服从对数正态分布。

体重分布基本也具有这种特征，虽然不能完全匹配。体重当然不能是负的，所以自然有下限；不过，体重也有上限，尽管上限会偏离平均值很远。图 10 是 2010 年美国成年男性的体重分布图。这个图形介于正态分布和对数正态分布之间。尽管有些人的体重可达

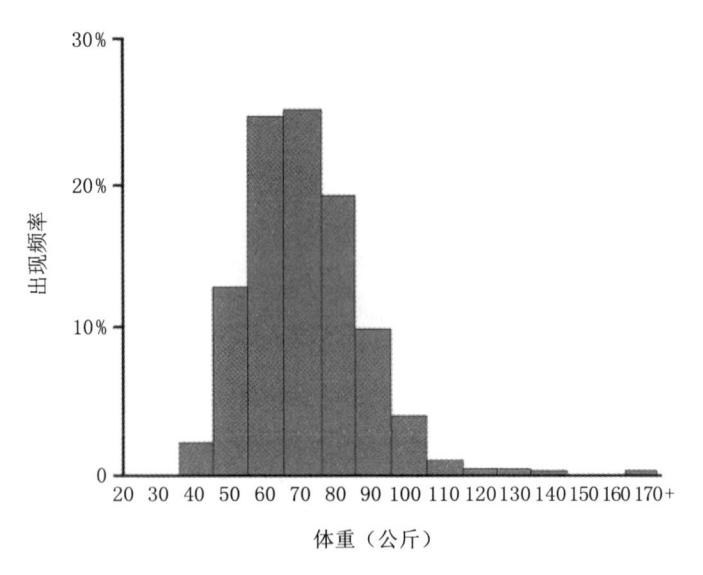

图 10. 美国 2010 年成年男性体重分布情况（约瑟夫·本茨根据美国癌症网站信息绘制）

600磅（约272公斤），但体重分布仍属于温和世界现象。体重600磅的人不应该被视为奇迹，就像那些收入达几百万美元的人不能被视为奇迹一样。他们只是温和世界的极端值。（这么说基本正确。不过，下文会提到一些极端高收入的情况，这些极端高收入情况应该被视为疯狂世界现象。）

帕累托原理

意大利社会学家和经济学家维弗雷多·帕累托（1848—1923）也研究了收入分布情况，并且是应用社会精英概念的第一人。帕累托可能不熟悉对数正态分布，所以他用自己设计的模型分析收入分布情况。帕累托推出一个公式，该公式对高收入分布呈现得非常好，但对低于平均数的收入却呈现得不太好。帕累托似乎并不怎么担心公式存在这一缺陷。虽然帕累托公式描述的曲线在高收入区的分布非常像对数正态分布，但二者没有一点关系。

数学家和经济学家仍然在争论是帕累托分布还是对数正态分布更好地分析了高收入的实际分布。[3] 另外，他们还推导出其他几个公式，这几个公式对不同领域都非常适用。不过，有一点是明确的，尽管描述帕累托分布的公式比描述对数正态分布的公式更为简单，但帕累托公式不具有那些我们一直在讨论的突出的数学性质，即所有版本的中心极限定理都不适用于帕累托公式，而且帕累托公式无法确保任何稳定性。对数学家而言，帕累托分布就像是冒牌内行推出的数学模型。但是，我们得感谢帕累托，因为他的公式不经意地预测到了疯狂世界的科学。不过，在深入讨论这个问题之前，我们需要首先认识一下某些疯狂世界现象。数学家们瞧不上帕累托公式，他们认为帕累托公式从数学角度看不严谨，他们对帕累托公式描述的真实世界中的收入分布情况也不感兴趣。不过，帕累托的确发现了一条关于收入分布的重要规则，尽管这一规则用帕累托分布不如用对数正态分布更能准确地加以呈现。

帕累托关注到，20%最富有家庭的收入约占全国家庭总收入的80%。图9显示，在美国，约有20%的家庭收入超过10万美元。继续计算会发现，这些家庭的年收入实际上约占全国家庭年收入的80%。

帕累托发现，这种不平衡不仅可以用来描述收入分布情况，还可以用来描述财富分布和许多其他类型的资源分布情况。实际上，他发现的这种不平衡基本上可以描述一些跟收入完全不相关的现象。比如，多数国家约80%的人口居住在20%的国土面积上，约80%的星系总质量分布在20%的恒星中，约80%的油田位于地球20%的面积上，约20%的森林火灾烧掉了因火灾而消失的总森林数的80%。这种例子还有很多很多。[4] 很多事件约80%的结果是来自20%的原因，这一观点被称为帕累托原理、80/20法则或二八定律。

对数正态分布（比如，收入分布呈现的对数正态分布）不是疯狂世界现象的原因在于，尽管对数正态分布不对称，但却有标准差。对数正态分布中如果有一端的自然上限或下限（如收入的下限为0）与平均值有大约两个标准差，那么，80/20法则将是适用的。

第五章　温和世界的极端值

因此，对数正态分布不仅为帕累托原理提供了理论基础，而且还可指出帕累托原理的适用范围：如果一个现象的形成依赖于几个成分的相互作用，其中没有哪一个成分可以支配其他成分，一端的自然上限或下限与平均值有约两个标准差，而另一端没有自然上限或下限，那么，帕累托原理就是适用的。上面所述听起来似乎包含了一整套专门的限制条件，不过，符合这些限制条件的现象出乎意料的多。商务与管理类教科书经常引用以下这些例子：

- 20%的活动收入占我们总收入的80%。
- 80%的消费者投诉来自20%的错误。
- 80%的时间里，我们使用手边20%的工具。
- 运动员80%的表现得益于20%的训练。
- 20%的销售人员负责80%的销售。
- 80%的手机通话是打给电话簿中20%的名字。
- 网站上80%的链接指向网上20%的网站。
- 80%的音乐下载自全球音乐库中20%的音乐。
- 公司80%的收入来自20%的客户。
- 20%的问题造成了公司80%的损失。
- 更无聊的例子是：80%的性行为是由20%的人进行的。这个统计数据不包括妓女，因为如果把妓女计算在内，就会是更多的性行为由更少的人口进行了。不过，其中有一个更为商业化的例子——20%的妓女性交易收入占到总性交易收入的80%。

以上这些例子的准确性取决于诸多因素，尤其是对数正态分布的中心极限定理对限制条件的适用程度。比如，有多个小成分吗？真的没有哪一个小成分支配其他小成分吗？一端真的有硬性上限或下限吗？另一端真的没有上限或下限吗？如果所有这些条件都符合，还必须明确自然的上限或下限是否是在平均值的两个标准差附近。如果符合以上所有这些条件，那么可以预期80/20法则适用。

80/20 法则有效区域

尽管"快速致富"的商业课程和书籍不断重复让人不胜其烦，但是，帕累托原理并不意味着这20%的高收益是唯一值得我们关注的事。对数正态分布的多成分性告诉我们，虽然我们加倍努力想从成分中那"重要"的20%中获取更多，同时忽略剩余的80%，但这么做的结果却是，不仅不会获得加倍收益，反而收益会减少，因为这20%的成分的作用已经全部被用完，再无可用的地方了。要获得超额收益，就要去关注剩下的那80%的成分，因为这80%的成分还未被充分利用。不过，了解帕累托原理还是有好处的，尤其当我们需要选择到底把精力花到哪里时，帕累托原理可以帮到我们。

另外，对数正态分布还一针见血地指出，帕累托原理不具有普遍性特征。如果自然上限或下限是在两个标准差以内且更靠近平均值的话，那么，就会出现很多事件超过80%的结果来自不到20%

第五章　温和世界的极端值

的原因这种情况。图书出版就是很好的例子。当然,在这个例子中自然下限是 0 本售出。典型的情况是,一本书在美国也不过销售一两千册。不过,销售百万册也不罕见。销售百万册的情况下,自然下限在平均值的一个标准差内。帕累托原理会显示,20% 的图书在总销量中占比不是 80%,而是 97%。[5] 尽管如此,出版商仍然会继续出版剩余的 80%,当然,它们对一本书能有数千册的销量也相当满意。除帕累托原理外,克里斯·安德森的长尾理论也适用于分析图书销售:收入的增加不是靠投入更多精力去给收益最高的那个小的百分比投资,而是靠给余下的那个大的百分比投资。如果有足够的意愿和精力去这么做,收入会增加;有时候公司太小,没机会第一时间出版一部百万级热点书的时候,去出版众多的小众书,也会增加收入。

如果要把帕累托原理应用到自己的企业活动中,需要首先估计一下企业典型收益和典型偏差情况。之后,看一下自然下限是否的确是两个偏差值。如果是,80/20 法则就适用;如果不是,80/20 法则就不适用。

80/20 法则经常被视为温和世界的特征,但实际上这个法则是正态分布的一个直接结果,因此该法则完全属于温和世界现象。这一事实有力地反映了温和世界科学的力量,但是这让人不禁要问:属于温和世界的现象如此之多,有什么现象不属于温和世界吗?需要什么样的数学模型来分析那个跟温和世界截然不同的世界?第六章将谈到,经济学领域有些现象的确需要完全不同的数学模型来分析。但是,现在还是先进一步探索一下温和世界的其他领域吧。

永远年轻

永远年轻这个问题也是温和世界的问题。不仅炼金术士、玫瑰十字会、西班牙征服者胡安·庞塞·德莱昂、苏格兰作家詹姆斯·巴利笔下不愿长大也永远不会长大的可爱小男孩彼得·潘和奥斯卡·王尔德笔下的道林·格雷，都对长生不老这个问题有独到的说法。数学家对永远年轻这个问题也有自己独特的见解，他们谈论年轻这个问题时用的是温和世界的语言。思想豁达可以保持永远年轻，数学家没有去努力这么做。数学家对"永远"这个概念也不是特别关注，他们关注的是可以进行数学分析的那个更抽象、更具有普遍意义的"年轻"。

如果把年轻限制在一定年龄段，比如 30 岁或 40 岁，就无法继续往下讨论了。没有人可以永远年轻。但是数字上的年龄只是年轻的一个特征，甚至可能不是最重要的特征。可以把一个长寿的人视为年轻，当然，这是另外一回事。有一点虽然违反直觉，但却是真事：婴儿 1 岁时比刚出生时"年轻"。新生儿活到 60 岁的概率比 1 岁婴儿再活 60 年的概率低，从这个意义上讲，1 岁婴儿比新生儿年轻。人活得越长，余生越短。不过，也许不是这样。

这个问题用数学家的抽象语言表达是这样的：有没有这样的数学对象？它不永恒（有一天肯定会消亡），但能生存多久的概率不取决于它之前存在多久？[6] 这个问题表明，即使是长生不老的生物体迟早也会死去。生物体在某一时间点，里面有什么东西坏了，然后就死了，但生物体继续活着的概率跟它之前活了多久没有什么关

第五章 温和世界的极端值

系。长生不老的生物体会再活 10 年的概率与它 1 天、1 年、28 年或其他多少年后（如果这个生物体还活着的话）再活 10 年的概率是一样的。当然，人不是这样的。我现在 66 岁，我还能再活 10 年的可能性比 28 年后（如果我那时候还活着的话）我 94 岁时还能再活 10 年的可能性要大。

上面问题的答案是，这种数学对象是存在的，实际上有这么一个函数，它表示生物体一个时间单位后还活着的概率（p）。数学家将这种寿命分布图称为指数分布（见图 11）。图 11 中，$p=2/3$。

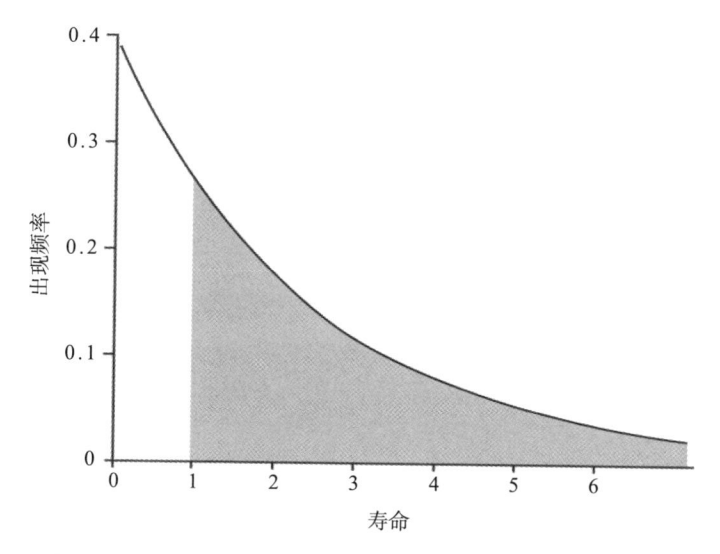

图 11. 指数分布（绘制者：约瑟夫·本茨）

如图 11 所示，相对于每个时间单位（比如 1 年），曲线下方 X 轴上 1 至无限的区域（阴影区）是 2/3，这意味着 2/3 的人的寿命又加了 1 岁，1 年后仍然活着。因此，人寿命增加 1 年的概率是

2/3。类似地，再计算 2 年。4/9 的人寿命增加 2 年，意味着，2/3 的 2/3 人 1 年后又活了 1 年。以此类推。每年年底，余下 2/3 的人又多活了 1 年。如果一开始的人数是 A，那么 t 年后，剩下的人数就是 $A \times (2/3)^t$。变量 t 在指数位置，所以这个函数才得名指数函数。发现指数函数的数学思想实际上并不比发现高斯曲线的数学思想更复杂，因此，指数函数当然也是温和世界数学思想的结晶。

由上可见，起码从数学意义上讲，永远年轻理论上不是不可能。但是，真实世界里真有什么是长生不老的吗？这不是个数学问题，而是个科学问题。数学家提出的观点是，找长生不老药并不愚蠢，如果找到这种药，数学家准备为其建个模型。实际上，自然物体和人造物体里存在着长生不老的东西。比如，放射性粒子迟早会衰变，但它 10 分钟后衰变的概率与它 5 年后（如果 5 年后它还存活着的话）再存活 10 分钟以后衰变的概率完全相同。也就是说，放射性粒子衰变的预期时间与它的存活时间完全无关。这些放射性粒子一直不老，它们的寿命服从指数分布。

一些像霓虹灯这样的日常物品也非常服从指数分布。霓虹灯迟早有一天会烧坏，通常很快就烧坏了，但霓虹灯烧坏的预期时间与它亮的时间没有关系。因此理论上，一个用过的霓虹灯跟一个新霓虹灯的价值一模一样，它永远年轻。

指数分布还可以用于电话聊天长度的分析。一个很投入的电话聊天族，其电话聊天的长度服从指数分布。这意味着，尽管聊天者迟早会挂电话，但是他继续往下聊的时间与已聊的时间基本上毫无关系。聊天永远不会结束。

第五章　温和世界的极端值

长生不老与死亡不矛盾，而是并存关系。不过，生物界不存在长生不老。生物会变老，然后死去。为什么植物或动物没有在进化中变得长生不老？我们可能认为长生不老是进化中的一个选择优势。（长生不老的一个候选生物，或者起码跟它类似的一个物种，是所谓的"长生不老水母"——灯塔水母。很明显，灯塔水母可以从性成熟阶段恢复到无性的幼虫阶段。如果想长生不老，就得变为这种水母才行。）按目前的理解，灯塔水母长生不老的秘诀一点儿也不复杂：水母这个物种在进化过程中为了实现物种的生存出现遗传多样性特征，遗传多样性特征使得其中一种水母（灯塔水母）能够在面临环境不可测情况时实现某种稳定性。换句话说，在各种特征的比例一代一代保持相对不变这方面，灯塔水母居于优势地位。如果环境发生变化，但变化不太大，物种通常就会出现变异性，这种变异性足以让一个物种的一些个体在多数个体死去时能够存活下来。这些存活下来的个体会再次繁殖并遗传给自己后代一些可能更适应新环境的新特征。这种进化方法需要旧基因组合（父母）死去，为新基因组合（孩子）让路，所以没有办法做到长生不老。

由此可见，生物学里多样性与稳定性这两个重要的基本原则似乎都排除了生物体会永远年轻这一点。有没有永恒的生命这一点不太确定，但不会永远年轻这一点是肯定的。永远年轻的东西要么是不稳定的东西，要么就是一模一样的东西。一个放射性粒子跟另一个放射性粒子一模一样，霓虹灯也是如此。如果你内心永远年轻——也就是说，一生对什么都是开放的——你会付出沉重的代价：永远不会获得世间的经验教训。

永远年轻是温和世界的极端现象，它跟真实的生活与生物多样性都不相容。不过，这也许并不是什么大问题。相反，疯狂世界中令人兴奋的现象则来自其他方面。

零概率事件

讨论疯狂世界科学前，还需要探讨一下另外一种极端的温和世界现象。上文提到，疯狂世界的科学与温和世界的传统科学一模一样，只是所用的科学模型与数学模型不同。科学只不过是大多数科学家认可的一系列方法而已。从理论上（以及大部分的实践中）讲，可以根据公认的标准对科学演绎或科学理论是否有效进行独立评价。从这个意义上讲，方法的普遍接受性保证了科学的客观性。

这正是科学与其他那些有效认识世界且很多时候历史也很悠久的方法（比如艺术、玄学、哲学、宗教）有所不同的地方。科学研究结论不仅让我们知道了一个研究成果，而且让我们了解了一种研究方法。《奥德赛》和《哈利·波特》肯定让我们了解了很多世界知识。我本人就从这些书中学到很多，但我无法准确地探究出我是如何通过阅读它们获取了知识，甚至也无法量化我到底从中学到了多少知识。我能说的只是，这些故事真实地描述了我周围的世界，让我提高了对世界的认知。我甚至无法确切地说出是什么让人觉得这些故事特别真实，我只会说，真实性不是科学性，其他就说不出来了。我从荷马史诗《奥德赛》中读到的不是希腊古神如何干涉人类事务，从《哈利·波特》中读到的不是有没有隐蔽的魔法王

第五章 温和世界的极端值

国——我从这两本书中读到的是关于人际关系、价值观和激情方面的知识。

另外,科学的运行方式是建立模型。任何科学结论都有其特定的有效范围。科学真理不是绝对的真理,它只在模型的范围内有效。在模型范围内,实验可以验证和完善科学结论。这解释了为什么用来分析温和世界和疯狂世界的模型不仅不相同,而且各有各的适用范围。

要了解疯狂世界的模型,还需要再介绍一下温和世界科学里的另一个东西:零概率。温和世界的科学可以轻松处理零概率这种现象。一个事件发生的概率是零,不意味着这个事件就不会发生。这听起来像是个矛盾的说法,但背后的逻辑其实很简单。

假设,我们用铅笔在一张纸上随机画一个点。这个点的中心落在纸上一个特定点上的概率为零。原因如下:假如这个点的概率是正数(我们将其称为 x),那么 x 也会是我们在纸上画的其他点的概率。但是因为我们在纸上画了无数个点,所以纸上所有点的概率之和不会等于 1(肯定不会等于 1),而是无穷大。这样一来,这个点落到一个特定点上的概率是无穷小的数字,即 0。

但是铅笔芯必须落到纸上什么地方,我们把铅笔芯落到纸上画出一个点的时候,刚才还是零概率的事,现实中就真实发生了。温和世界的数学能轻松地处理这个难题,不过,需要几个杰出的人才,甚至几个天才的努力,才能给概率清晰地定义,从而得出一个一致的理论。不过,杰出人才和天才最后是如何成功定义概率,并如何成功地得到一致的理论的,这一点本书不会深入探讨。

根据温和世界的传统科学，发生零概率事件不意味着出现奇迹。也可以这么说，零概率事件实际是个日常的小奇迹，即我们所称的伪奇迹。因此，温和世界科学不仅仅可以处理类似收入的极端值或长生不老这种低概率现象，而且可以处理零概率事件。这正是我们总遇到伪奇迹的原因。

了解这些很重要，因为疯狂世界一些奇迹的特点不是极小的小概率或零概率，而是根本无概率。也就是说，有些现象不能被赋上概率值，就像柯西分布没有标准差一样。之所以有些现象不能被赋上概率值，可能是因为这些现象超出了人们的想象。不过，这些现象也只能是以这种令人意想不到的方式发生。一个事件不能被赋上概率值，却真实发生了，有很多其他原因。就像女射手菲比的例子里菲比竟然能射中远远超出人们想象之外的超远距离的墙面，原因也有很多一样。

哥德尔是温和世界的极端值

讨论温和世界时，一定要记得哥德尔不完全性定理。哥德尔不完全性定理完全是个温和世界现象，尽管它动摇了数学基础。哥德尔非常极端的发现，出乎很多一流理论家的意料，也是数学家最不想看到的。1900 年，伟大的德国数学家大卫·希尔伯特制作了一份清单，罗列了 20 世纪最紧迫的数学问题，排在清单前列的一个问题是证明数学具有一致性，永远没有矛盾。[7] 哥德尔用他第二不完全性定理解开了这个谜题，但是，结果跟预期的答案恰恰相反。他

第五章　温和世界的极端值

没有证明数学的一致性，反倒证明了数学一致性是不可证的。据说，希尔伯特听说哥德尔不完全性定理后非常生气。约翰·冯·诺依曼听说了哥德尔不完全性定理后，则放弃了自己的逻辑学研究。

在哥德尔之前，人们一直想当然地认为，找到一个数学问题的答案只是能力、智力和聪明程度的问题。数学家不是百分之百地肯定每个数学问题都有答案，因为希尔伯特提出的数学一致性问题一直没有被解开（现在也仍然没有被解开），但是没有理由怀疑数学最终会被证明具有一致性。自从有了哥德尔不完全性定理后，我们就要记住，不能解题的原因可能不是因为不聪明，而是因为问题是哥德尔式的问题，即命题和命题的否定在数学体系内部不可证。果然，不断有研究结论指出，某些数学问题的确是哥德尔式的问题。

如果一个数学断言是哥德尔式的，那么数学就无法确定这个断言的真伪。自然科学，比如物理学或心理学，可能可以在特定的现实世界中给出明确的答案，但数学不能。数学只能说，对数学而言，断言为真还是为伪都没关系。事实上，断言或断言的否定都可以作为新公理列入数学系统！两种情况下数学具有一致性（如果数学的确具有一致性，情况就是这样），尽管每种情况需要的数学形式有所不同。举例来说，如果物理学家发现空间曲率为零，那么数学提供的就是老式的欧几里得几何形式的模型。但是，如果物理学家想方设法发现了空间是弯曲的，那么数学就可以提供很多种非欧几里得几何模型，比如鲍耶几何和罗巴切夫斯基几何。空间是否有零曲率不是个数学问题。事实上，物理学家慢慢相信了空间有非零曲率。

多亏哥德尔不完全性定理,数学家们已经很清楚地知道,数学中可能存在这种情况:几个不同数学系统不仅并存,而且遵循不同规则。有着不同整数概念的不同文明也可以并存,有的文明可能没有数字 0 这个概念。再比如超实数,无穷小的数字 $1/I$ 某种意义上也是 0,因为它比每个传统的实数都小。不过,$1/I$ 并不是真正的 0,因为它可以做分母,传统意义上 0 不能做分母。

某些现象根据温和世界规则运行,但不排除有些现象是根据疯狂世界规则运行的。两个世界的科学都要建立,并仔细确定哪种现象属于哪个世界。作为温和世界一流的科学产物,哥德尔思想就是这样为人们如何理解疯狂世界的奇迹提供了认识基础。

哥德尔的发现带来了人们认识上的变化,人们才有可能认识到疯狂世界现象跟温和世界现象一样是真实存在的。尽管运用温和世界科学,人们发现了柯西分布(柯西分布看起来很奇怪,因为没有标准差)和哥德尔不完全性定理,才有了把 G 的否定视为公理这样的思想(这才有了超实数)。但是依据温和世界中人的思维方式,他们不知道这些异常的东西会适用于现实世界。这些数学现象似乎就只是些出于理论兴趣而建立起来的理论性的东西。本书后面会谈到为什么需要对疯狂世界加以研究,以及经济学为什么应该从疯狂世界的角度进行研究。

第六章
均衡之源

> 要梳平刺猬身上的刺是不可能的,因为总有一个地方的刺会突出来。

1910 年,荷兰数学家鲁伊兹·布劳威尔证明了一个奇怪的数学定理。[1] 拿起一杯咖啡,用勺子在里面使劲搅,但要保持咖啡和勺子的一体性,即不要把勺子拿出又放回。搅完后,让咖啡停下来。依据布劳威尔定理,咖啡中会有一个原子,就位于搅拌前的位置。换句话说,搅咖啡时,不可能让所有的咖啡原子都离开原来的位置。

人们可能以为,即使有这样一个不动的原子存在,最后这个原子也有可能会稍微变动一下位置;毕竟,咖啡不知道什么时候会停止搅拌。但是布劳威尔定理却保证,这种可能性是不存在的,因为如果那个原子位置移动了,另一个原子会因此被移回原来的位置。

当然，数学家不会因为一杯咖啡而建立定理，但这并不是说咖啡在数学定理的产生中没起过作用。痴迷于咖啡的匈牙利数学家阿尔弗雷德·雷尼曾经说："数学家让咖啡变成定理。"数学家要求精确，所以他们推出定理时不是基于一杯咖啡，而是基于某个拓扑空间（topological space）中一个封闭的紧致凸集（convex set）；不是基于原子，而是基于拓扑空间的点；不是基于咖啡的搅拌，而是基于凸集对自身的映射。咖啡一体性的限制条件表达为映射连续性的限制条件。定理如下：一个封闭的紧致凸集连续映射，有一个不动的点。这个定理被称为布劳威尔不动点定理（Brouwer's fixed-point theorem）。

　　搅拌咖啡的这个例子不是什么好例子。数学家谈论的自然是抽象的事物，不是含咖啡因的饮料。从数学意义上来说，咖啡不是一个闭集（closed set）。咖啡的边界是杯壁，杯壁不是咖啡的一部分。咖啡被搅动时，水分子从杯子中蒸发。尽管如此，咖啡这个例子还是生动形象地说明了不动点定理的原理。虽然不怎么准确，但是咖啡的确为数学家提供了灵感。

　　如果没有连续性这一限制，就不需要不动点了。想办法把咖啡下面一半跟上面一半分开（比如，把咖啡冻住并从中间切开）后，把上面一半放在下面，下面一半放在上面。咖啡所有原子的位置就都变了，也就不存在一个不动点了。

　　因此，依据布劳威尔不动点定理，仅仅通过搅拌无法让咖啡的上半部分和下半部分在杯子中互换位置。依据这个原理，不管以何种方式搅拌咖啡，被搅拌的咖啡都会有一个不动点，但是，如果把

第六章 均衡之源

咖啡下面一半跟上面一半分开，就没有不动点了。布劳威尔不动点定理是一个重要的数学发现，部分原因是它太违背直觉了。因为依照直觉，搅拌咖啡时，似乎应该真的有办法让杯子里所有咖啡的原子离开原来的位置，但实际上，直觉是错的，被搅拌的咖啡总有一个不动点。类似地，梳不平的刺猬的原理也是如此。梳平刺猬（这里所说的是一只卷成球的刺猬）身上的刺似乎是可以的，但是，依据布劳威尔不动点定理，不管怎么梳都梳不平刺猬身上的刺，因为刺猬身上不止一处像人头上的旋那样，周围的刺都像鸡冠一样竖立着。

应该得诺贝尔奖的不动点定理

数学家将布劳威尔这一优秀的定理进行了大力推广，[2] 并从定理的各种推广中推出一个全新的学科，即不动点定理。不动点定理已经被推广到多维空间、某些类别的不连续映射和其他许多方面。其后，日本数学家角谷静夫将不动点定理推广到将点映射到集的抽象映射上去。角谷静夫定理已成为数学经济学的基本工具之一。但是要挖掘出布劳威尔定理的深层次内涵，还需要一位才能如诺依曼一般的数学家。

诺依曼一开始没有推广布劳威尔定理，而是应用布劳威尔定理。他的第一个应用就有了完全出乎意料的发现，即发现了博弈论。诺依曼发现，通过极深层次的推广，布劳威尔的不动点定理可以被理解为战略游戏中的均衡点。"均衡"指的是一套战略（每个玩家有一个战略计划），在这套战略中，单个玩家单边改变战略无法在游戏中晋级。（我的《道德运算》一书对博弈论有非常细致的讨论。）

发现博弈论后，诺依曼意识到，如果从抽象角度看经济学，经济学可以被视为博弈和映射的集合。这样一来，经济学就只包括布劳威尔定理可以应用的这两个东西——博弈和映射。比如，不管是哪种谈判，博弈论的动力学都在起作用。谈判双方的利益自然像两个扑克牌玩家的利益一样相互冲突。但是，双方也有共同利益，就像扑克牌玩家之间有共同利益一样。玩扑克牌时，玩家都希望庄家收钱越低越好，而且大家都不出老千。

可以把商业交易视为映射。购买商品时，钱被映射到商品上；制作产品时，原材料与劳动力被映射到产品上。通过这种抽象的映射，诺依曼发现，经济必须保持均衡状态，不只充满竞争和博弈的交易要保持均衡，生产与消费等日常经济活动也要保持均衡。

经济保持均衡非常重要。实际上，整个经济都可以处于均衡状态。某种程度上来说，由于每个经济参与者通常只关心自己的利益，经济能维持稳定很令人惊讶。亚当·斯密在他1776年的巨著《国富论》中写道："我们的晚餐不是来自屠夫、啤酒酿造商或面包师的仁慈，而是来自他们对自身利益的考虑。"他接着描述了个人利益如何造福社会：

> 每个使用资本和劳动的个人，既不打算促进公共利益，也不知道他自己在什么程度上促进了公共利益。他支持国内企

第六章 均衡之源

业,不支持外国企业,只是为了自己的产品;他以产品价值最大化的方式经营企业,只是为了自己的收益;他经营企业时,跟做其他事时一样,都受到了一只看不见的手的指引,促成了一个并非他本意的目的,即促进了公共利益。促进公共利益不是他的本意的时候,对社会而言并非总是糟糕的。他真的想去促进公共利益时,效果不见得好;而他在追求自己利益的过程中,反倒经常更有效地促进了公共利益。[3]

尽管经济均衡概念后来的定义越来越准确,不过,每个经济均衡概念的要点都是一样的:个人利己主义行为的累计效应使经济有效运行。不过,有很长一段时间,政治家和经济学家都不接受亚当·斯密的观点。经济问题是个大问题,亚当·斯密给出的例子虽然很精彩,但太随意。一直以来都是通过个人美德促进公共利益,真的能相信那只"看不见的手"可以促进公共利益吗?那只"看不见的手"并没有经常促进公共利益。尽管有那只"看不见的手",但环境恶化持续了很久,而且环境恶化经常被忽视。那只"看不见的手"的适用范围与受限范围都不明确。公平而言,与众多的更严重的教条主义的追随者形成鲜明对照的是,亚当·斯密并没有说过追求个人利益总是会促进公共利益。比如,亚当·斯密警告人们要提防垄断行为以及经济利益对政治的不正当影响。

亚当·斯密没有准确地证明过他推出的均衡原则的有效性,即使在其有效运行的情况下也是如此。亚当·斯密的理论完全是推测性的。《国富论》很多内容涉及好心的政府干预最后却带来危害的精彩案例，因此，《国富论》一书一直没能说服社会主义政治家相信，可以让"看不见的手"发挥作用；也一直没能说服自由市场经济下的政治家相信，"看不见的手"有时也需要政府的管制。

诺依曼发现博弈论前，没有人知道如何将亚当·斯密的理论转化为一个合适的经济模型，因为转化为经济模型后其有效范围就可以加以考察了。冯·诺依曼是推出有效的均衡经济模型的第一人。

1994年，诺贝尔经济学奖颁给了三名博弈论研究者，他们分别是电影《美丽心灵》及同名书的主人公约翰·纳什，以及约翰·海萨尼和莱因哈德·泽尔腾。2005年，诺贝尔经济学奖颁给了另外两位博弈论学者，分别是罗伯特·奥曼和托马斯·谢林。还有其他12位诺贝尔奖获得者因为基于布劳威尔不动点定理建立的经济模型或基于冯·诺依曼对不动点定理的应用而获奖。冯·诺依曼本人没有获得过诺贝尔奖，因为他于1957年就去世了。他去世12年后才有了第一个诺贝尔经济学奖（之前的诺贝尔奖只有5个奖项，诺贝尔经济学奖于1968年增设，增设时名为"纪念诺贝尔经济科学奖"）。早期诺贝尔经济学奖得主之一的肯尼斯·阿罗（于1972年获奖），与1983年的诺奖得主杰拉德·德布鲁依据冯·诺依曼的观点，于1954年推出了证明一般均衡之存在的数学定理，该定理被认为是均衡理论的基本定理。

阿罗-德布鲁定理

阿罗-德布鲁定理（简化版）内容如下：

第六章　均衡之源

如果一个经济体中：

- 没有垄断，即基本是自由市场；
- 没有经济范围以外的影响（比如，没有自然灾害、战争或暴乱）；
- 经济活动没有对经济内部造成影响（比如，没有污染、腐败或欺诈）；
- 经济基本持续运行，即个人或公司活动的小变化不会造成整个经济的巨变；
- 供需（包括劳动力的供需）弹性良好；
- 以及符合其他一些技术性限制，比如，符合经济学家所称的边际效用递减规则或边际收益递减原理；

那么，这个经济就是处于均衡状态。[4]

这种均衡状态的含义是，如果采用的策略与均衡状态隐含的策略不同，则无法提高长期收益。这种均衡状态一旦出现，就会持续很长时间，因为打破这种均衡对谁都不利。

阿罗-德布鲁定理对经济基本处于均衡状态的政府有什么指导意义呢？如果政府想维持这一看起来很理想的经济稳定状态，就只能确保阿罗-德布鲁定理的限制条件能够一一得到满足。要达成这个目标，政府就必须制定政策支持这些限制条件，即使情况出现变化，也要做到这一点。政策方面采取以上措施非常有必要，因为即使是均衡状态下的经济也会因为技术革新、产品更新换代、人口变化、天气或气候变化而一直发生变化。因此，政府的工作就是要警惕出现类似于垄断或社会不安定这样的违反阿罗-德布鲁定理限制条件的情况，适时做出政策的调整，而由"看不见的手"凭借其自我调控力量去处理余下的事情。

乍一看，这种状况似乎是亚当·斯密的一次彻底胜利。"看不见的手"能够在政府较少参与的情况下，创造一个稳定的经济均衡状态，而且这种均衡状态符合一个一直都很严密的数学模型。但是，这一切只有在满足阿罗-德布鲁定理的限制条件下，才能继续存在。

阿罗-德布鲁定理的很多限制条件表明，经济应该在温和世界的一般限制范围内运行。比如，阿罗-德布鲁定理限制条件要求，不能有垄断。温和世界里，这种限制是合理的，因为垄断不是由一系列小成分造成的，而是由疯狂世界里一个名为马太效应的典型机制造成的（马太效应在下一章中有解释）。极端超经济效应（extra-economic effects）很容易带来经济的不稳定（典型的疯狂世界现象），所以，如果要寻求温和世界式的稳定，就必须不让极端超经济效应出现。到目前为止，本书还未讨论过"持续性""边际效用递减""边际收益递减"等概念的含义，这些概念或多或少保证了符合阿罗-德布鲁定理的经济必然是温和世界的经济。

依据布劳威尔不动点定理，无法确定到底多大程度上应该将阿罗-德布鲁定理视为温和世界的科学产物。阿罗-德布鲁定理与正态分布不相关，不过，其数学限制条件隐含了布劳威尔不动点定理只适用于闭集这一点。因此，均衡状态要存在，世界就必须是封闭的，或在某种意义上是封闭的。但是，疯狂世界绝不可能是封闭的，因为"奇迹"在疯狂世界每天都在发生。奇迹是什么类型，是"真正的"奇迹（现有科学无法解释的现象）还是超验奇迹（神干预出现的奇迹，这类奇迹本书不做讨论）并不重要。

看跌期权

期权交易可以生动地反映出温和世界和疯狂世界的影响是如何映射在经济中的。[5]以偏远农村的麦农为例。麦农收麦后，算了一笔账。他们把购买麦种的钱、人工费、农业机械的资本投入和维修费用等一切费用都计算在内。根据算出来的账目，遇到好年头（无意外发生，天气也好），麦收后如果能以每袋 90 元价格将小麦卖出，麦农就可以收回成本。现在情况不错，因为麦收结束后，小麦现在的市场价是每袋 100 元。但是，看到小麦价格从麦收开始到麦收结束，每袋竟然下降了约 20 元，麦农就会开始感到不安。如果小麦只能按每袋 80 元的价格卖出，麦农就会觉得完了，种地亏本了，买不起下一年的麦种了。如果有买方愿意以当前每袋 100 元的价购买麦农下一年的小麦，麦农需要支付的权利金价格是多少？每袋 10 元如何？

如果麦收时小麦价格跌破每袋 100 元，麦农就可以执行期权。这正是麦农接受合约的原因。有了期权交易，麦农就不用担心小麦降不降价了。如果小麦价格低于每袋 100 元，麦农可以以执行价每袋 100 元卖出小麦。麦农用每袋 10 元的期权价收回了成本，所以不会破产。执行价减去期权价后，还剩每袋 90 元，这个价格足以收回成本。但是，如果小麦价格高于每袋 100 元，麦农就不会以每袋 100 元的价格卖出小麦，因为会有买家愿意出更高的价格。不管怎样，虽然执行价是每袋 100 元，但麦农并非必须以这个价格卖出。麦农不以执行价卖出的话，就要失去权利金。不过，麦农不会为此垂头丧气，因为虽然失去了权利金，却会挣更多的钱。麦农到底能挣多少，要看麦收时小麦的价格是多少，不过，肯定不止每袋 90 元这个价位，而是会更多。如果小麦价格飙升至每袋 120 元，麦农就挣得更多了。麦农当时买下这个"看跌期权"肯定还是划算的，因为看跌期权确保麦农年头不好的时候不会破产，同时还让麦农有机会在状况好转时有利润。

看涨期权

现在以磨坊主为例。磨坊主是买方，购买小麦，磨成面粉，然后卖出面粉。面粉价格与小麦价格相关，但是并不与小麦价格同步波动，而是有时间差。磨坊主的利益与麦农的利益相反：小麦价格越低，对磨坊主越有利；如果小麦价格走高，磨坊主的利润就会缩水。

像麦农一样，磨坊主也算了一笔账。他们把资本投入、磨坊平时必要的维修费用等合在一起，计算磨坊的经营成本。按照计算出来的账目，如果小麦价格不超过每袋 110 元，磨坊经营没问题。因为小麦价格每袋 110 元时，磨坊收支平衡。像麦农一样，磨坊主看到现在的小麦市场价是每袋 100 元时很高兴，因为如果以这个价格

第六章 均衡之源

购买小麦的话,磨坊主预期会有不错的利润。但是,如果小麦价格麦收时升至每袋120元,磨坊主就完了,可能就得关掉磨坊,因为现在磨面,磨坊只会亏钱。因此,像麦农一样,磨坊主需要跟麦农签订一个保单。如果以现在每袋100元的市场价跟麦农约定买他们下一年麦收时的小麦,买方磨坊主支付给卖方麦农的期权价格是多少?假设买方支付的期权价格为每袋10元。

卖方麦农需要看跌期权确保自己不会破产,而买方磨坊主则需要看涨期权确保自己不会破产。当然,麦农和磨坊主只是约定第二年秋收时麦农将小麦以现在每袋100元的市场价卖给磨坊主,双方就都可以从合约中获益:如果小麦价格上涨,麦农可以大赚一笔;如果小麦价格下跌,磨坊主可以大赚一笔。买卖双方都想有赚钱机会,因此,双方同意,在以双方敲定的价格(每袋100元)进行小麦交易前,先按照每袋10元的标准支付权利金用以避险获利。

企业经营时好时坏,企业家已经习惯了。经营不好的时候,企业不倒闭是主要目的,期权可以确保企业不倒闭;经营好的时候,企业盈利是主要目的,期权可以让企业盈利更多。对麦农而言,小麦价格居高不下是好年头;对磨坊主而言,小麦价格不断下跌才是好年头。不过,麦农和磨坊主的风险可不止小麦价格走高或走低这一点,他们还要面临其他风险,比如,消费者不吃面食而改吃大米了。一旦发生这种情况,每袋100元的价格对麦农和磨坊主就不会有利润了。双方最好找到一种低价期权。

投资者意图

现在谈谈投资者。投资者既不种田也不磨面，而是使用金融工具投资。麦农和磨坊主都想用一种低价期货规避小麦价格外的其他风险，而投资者则为麦农和磨坊主一方或双方提供期权服务。投资者出于谨慎，确定期权费时需要确保自己有适当的长期利润。麦农和磨坊主关注的主要是短期利润，他们不想因为今年的小麦价格太低或太高而亏本。相比之下，只要关键时刻有资金足以弥补短期损失，投资者就不会担心。投资者想确保长期持有自己的投资组合会赚钱。投资者提出的期权价如果麦农或磨坊主觉得合适，麦农或磨坊主就会和投资者敲定价格。不管是投资者还是麦农和磨坊主，都会从敲定的期权价中获益：麦农和磨坊主确保不亏损并有机会赚钱，投资者要确保长期持有会赚钱。

投资者与麦农和磨坊主敲定的期权价都是每袋 10 元，麦农和磨坊主都觉得合适。但是此时出现了竞争对手，第二个投资者出的期权价也许是每袋 9 元。对能承担得起放长线的投资者而言，为了得到大的客户群，把期权价格定得很低是很自然的。当然，这样做也有风险：一旦算错，就会破产。即使期权价格为每袋 10 元也可能有这种风险。

对投资者而言，好年头的情况是，小麦价格就在每袋 100 元左右。因为投资者与麦农和磨坊主敲定的期权价都是每袋 10 元，小麦价格在每袋 100 元左右时，投资者即便以不利的价格交易也不会有损失。如果小麦价格大跌，投资者将不得不以高价购买麦农的低

第六章 均衡之源

价小麦；如果小麦价格大涨，投资者将不得不把高价小麦低价卖给磨坊主。后一种情况（小麦大跌时）下，投资者可以通过以当前价格购买小麦期货来对冲风险，即投资者同意以现在的价格买入一定数量下一次麦收时的小麦。假设我们为每出售两袋小麦的期权购买一袋小麦的期货合约。当然，如果价格下跌，购买小麦期货就无利可图。但是购买小麦期货的损失可以通过期权销售收入得到部分补偿。这是看涨期权总比看跌期权价格低的原因。

我们看到，卖期权是有风险的。投资者卖期权时，为降低风险，通常会采取其他措施，比如当以前价格购买一些小麦期货从而降低看跌期权风险。[6]麦农和磨坊主永远都想不到这一点。麦农干吗要买自己种的小麦？这解释了为什么比起麦农和磨坊主互相做生意，麦农和磨坊主都愿意跟投资者做生意。

以上只是对期权如何运行进行的简单描述。实际上，看涨期权价格一般不同于看跌期权价格。在其他条件相同的情况下，看跌期权价格也可能是看涨期权价格的好几倍。如果麦农和磨坊主之间已经达成协议，交易是不会公平的。尽管表面上看不出来，但麦农会是赢家，因为麦农的期权价格更高些。

我还用另一种方法对什么是看涨期权、什么是看跌期权进行了简述。实际上，期权有很多种类，本书不会对其一一描述，因为本书并非期权交易教材。谈到期权，只是因为期权需要遵循疯狂世界的经济学，这一点很快会在下文提到。

期权定价

物理学家费希尔·布莱克（1938—1995）从哈佛大学取得数学博士学位。如今，像布莱克这种学术背景的人后来成为金融研究人员并不是什么稀奇的事，但在 20 世纪 70 年代却非常少见。当时，布莱克非常关注如何确定期权价格（起码弄清如何确定期权的理论价格）这个问题。

20 世纪 70 年代，期权合同基本凭经验和感觉签订：如果卖方（投资者）和买方（麦农或磨坊主）都觉得价格合适，就会签订期权合同；如果买卖双方未达成一致，期权合同就签不成。用这种主观方式签订的期权合同导致许多麦农和磨坊主破产。为此，布莱克想找到一种客观方法确定期权的真实价值。他非常清楚，投资者的投资活动非常复杂，兑换率持续波动，每个人敏感的价格也不同：有的麦农可能会愿意购买售价在每袋 100 元的期权，有的麦农可能对每袋 95 元的期权也可以接受，尽管他不会买这个价位的期权；有的麦农可能会想购买 1 年期的期权，磨坊主可能愿意购买期限为 6 个月的期权，而科技公司老板可能想买期限为 1 个月的期权。布莱克将这些可能性都考虑在内，并一一写入方程式。但方程式太复杂了，他无法解出结果。后来，布莱克遇到了经济学家迈伦·斯科尔斯。

斯科尔斯发现，期权的理论价格与商品未来的实际价格无关，真正相关的是该商品价格的波动情况，即价格波动的标准差（经济学家称之为"波动率"）。这个观点只有熟悉均衡概念和阿罗－德布

第六章 均衡之源

鲁定理的专业经济学家才能提出。斯科尔斯对布莱克的方程式进行了补充（比如，他补充了阿罗-德布鲁定理的限制条件），使布莱克的方程式更容易被解出来。但是，方程式仍然过于复杂。

罗伯特·默顿把投资者习惯补充进布莱克和斯科尔斯的理论体系内。布莱克的方程式之所以非常复杂，是因为他把理论上期权交易的所有可能性都考虑在内，而实际生活中真正的投资者不会（也不需要）去考虑期权交易中所有的可能性。投资者不是理论方面的专家，他们不计算积分，只做生意。卖期权时，投资者会自动（几乎是本能地）采取一些降低期权风险的实际措施。在默顿减少了期权交易的一些可能性条件后，布莱克-斯科尔斯方程式的解法用一个简单的数学公式就可以表达出来。

1970年，布莱克-斯科尔斯公式就这样诞生了，[7]它成为20世纪最后25年投资者最广为使用的公式之一。直到1973年，关于布莱克-斯科尔斯公式的论文才得以发表，之前这篇论文一直被所有一流杂志拒稿，因为主编觉得论文中的数学知识太晦涩难懂。斯科尔斯和默顿后来都获得了诺贝尔经济学奖。布莱克没能等到获奖那一天就去世了。有传闻说，默顿的名字之所以没有出现在布莱克-斯科尔斯公式里，是因为布莱克和斯科尔斯在大会上宣读论文的那天早晨，默顿睡过头了。[8]

布莱克-斯科尔斯公式可以计算出所有期权的理论价格。公式虽然很复杂，但所有的计算都由计算机完成（网上可以找到很多免费的布莱克-斯科尔斯计算器），[9]用起来很方便，一点也不麻烦。只需输入当前价格、执行价格（投资者保证交易的价格）；输入看涨期权或看跌期权，并输入截止日期（期权执行日）；同时，还必须输入标的物的波动率（标准差），以及当前基本无风险的最高利率，比如，最稳定的银行的存款利率或美国国债收益率。所有这些数据都输入后，计算机马上会依据布莱克-斯科尔斯公式给出一个数字，这个数字就是期权的理论价格。

路过的投资者：偶然路过码头的玛丽娜

推出公式后，布莱克、斯科尔斯和默顿想知道真实世界的期权价格和布莱克-斯科尔斯公式给出的理论期权价格之间有什么不同。他们后来发现，两者差异之大令人惊讶。与公式推出的理论定价相比，实际生活中有些期权定价过低，有的定价则过高。其中定价最低的期权是一家名为 National General 的公司股票的看涨期权。几年后，布莱克写道："斯科尔斯、默顿、我和其他人都及时入市，购买了一堆认股权证。有段时间，似乎我们买对了。后来一家名为 American Financial 的公司公告要约收购 National General 的股份。要约的原始条款导致认股权价格暴跌。"[10]

三位科学家投资失败了。American Financial 高价购入 National General 股份，价格高于执行价，因此，科学家们的期权就不值钱了。科学家们亏了钱很不高兴，但他们同时又感到高兴，因为自己推出的公式起码在一段时间内准确预测了期权价格。亏损的原因不是他们没有数学头脑，而是因为他们没有商业头脑。National General 股票的看涨期权价格过低，正是因为一直有谣言说 National

第六章 均衡之源

General 会被收购,华尔街支持收购的人都在坐等这家公司被收购。布莱克总结道:"市场知道我们的公式所不知道的事……尽管我们这次投资最后失败了,但我们推出的公式得到了验证。期权真实的市场价与其理论价格不相符是有原因的。"[11]

以高出实际价的高价收购股票,为什么 American Financial 觉得划算呢?可以举一个简单例子说明其背后的逻辑。假设我们是一家小渔业公司,有条捕捞船,海上撒网后,捕的鱼比那些没有船、只能从岸上钓鱼的渔民多。但是,因为一些原因,我们公司经营不善,运营情况低于预期,因此市值不高。但是,一个路过我们公司的投资者——暂且叫她玛丽娜吧——注意到,船长不在时,船员根本就不捕鱼,而是懒洋洋地躺在甲板的渔网上晒太阳,公司自然经营不好。玛丽娜不能马上解决渔业公司经营不善的问题,但她认为,也许这艘船根本不应该用于捕鱼。把船装修一下,可以用作游艇,挣的钱肯定比捕鱼挣得多。

玛丽娜完全可以从零开始造一艘新船。不过,造新船需要花很长时间,而且,不管怎么说,人们在小渔村坐船游玩的原因是想坐在传统的渔船上去看海。渔船上的游人甚至还可以自己动手捕鱼吃,而且一艘饱经风霜的旧渔船能给人以怀旧感。不过,旧船必须加固,而且必须用现代建筑规则加以翻新。因此,玛丽娜决定,她不需要造新船。把这艘旧船买下来加以翻新是比较划算的投资。如果有必要,她愿意以高于市场的价格把这艘旧船买下来。

跟我们(渔业公司所有者)达成协议前,玛丽娜一直没告诉别人她想买下这艘旧船。为避免出现竞争者,她会尽量一直不让别人知道自己想买下旧船。这个例子跟 National General 案例不同。在 National General 案例中，American Financial 公司有意收购 National General 公司，这个消息不可能一直不为人知，收购前夕，市场就已经明智地给这一交易定了价。市场可能不了解 American Financial 公司为什么要收购 National General 公司，但市场上的确一直都有这一传闻。

布莱克-斯科尔斯公式没有对这种市场"传闻"做出解释，也无法对其做出解释，因为"传闻"不是个数学概念，只是个真正的商业信息。比起布莱克-斯科尔斯公式，偶然路过码头的玛丽娜身上表现出更多的天才迹象，因为想到把渔船改成游船这个点子的只有她一人，其他人从来没这么想过。

尽管布莱克-斯科尔斯公式的确应该获诺贝尔奖，但是，从 20 世纪 60 年代起，人们就已经在研究布莱克-斯科尔斯公式的各个要素。这个公式的所有技术问题由来自数学、经济学和商学三个不同领域的三位科学家共同解决。公式的最后推出，还离不开其他许多科学家的帮助。可以说，布莱克-斯科尔斯公式是才华横溢、经验丰富的学者们共同的智慧结晶，但肯定不是天才作品。

要使用布莱克-斯科尔斯公式，标的物（进行期权交易的商品）的价格浮动需呈现温和世界分布。如果价格浮动服从柯西分布，就无法用标准差量化价格浮动情况，甚至也无法使用布莱克-斯科尔斯计算器。不过，这个公式依据的数学理论明确属于温和世界现象。它适用的假定条件是：价格波动曲线是高斯曲线。只要经济在温和世界中运行，影响价格波动的就是些小成分，价格波动就会服从正态分布。不过，投资人玛丽娜想出的点子只是个好点子，这种好点子并不少见，已经让很多人变得富有，会不可避免地让经济走向疯狂世界。

富人的废物堆

波兰出生的法裔美国人贝努瓦·曼德勃罗（1924—2010）是本书第三部分的主角。第三部分内容关于疯狂世界。实际上，本书前面部分已经提到过曼德勃罗了，因为正是他发现了如何做出图8那样的分形图。

20世纪60年代，影响布莱克-斯科尔斯公式诞生的数学方法正在形成过程中。曼德勃罗在几次会议上反复指出，高斯曲线不能准确描述价格的真正变化。他建议将柯西曲线作为价格变化模型的基础。换句话说，曼德勃罗20世纪60年代就指出，经济模型应该从温和世界模型转为疯狂世界模型。[12] 但是，这一建议并未引起当时的经济学家多少共鸣。曼德勃罗的发言让人不舒服可能起了一定作用，但这绝不是当时经济学家不接受他的观点的主要原因。如果曼德勃罗的建议当时被经济学家认真对待了，诺依曼、阿罗、德布鲁之后的所有新发现就不可能有了，也不可能发现像稳定的均衡模型这样简洁奇妙的模型了。[13]

如果诺依曼、阿罗、德布鲁之后的所有新发现都没有了，可以推知，布莱克等人很可能也发现不了期权可以有正确的理论价格这一点。我们不能明确地给没有标准差的东西定价，即使能定价——比如用布莱克-斯科尔斯公式计算呈疯狂柯西分布的期权价格——期权价也会定到无人想买的过高价位，农场经营和磨坊经营就会回到以前有风险的情形了。但是，实际生活中的期权交易表明，期权价格是可以定到交易双方都觉得合理的价位上的。

1929年经济大萧条时，价格波动情况不符合正态分布，无法满足布莱克-斯科尔斯模型的假设条件，布莱克-斯科尔斯公式也就没有应用价值。大萧条后到1987年以前，价格波动基本符合正态分布，没有出现极端情况。1987年股市崩盘，世界遭受到一次大的经济危机冲击；2008年，更大规模的经济危机出现，价格波动情况无法满足布莱克-斯科尔斯模型的假设条件，布莱克-斯科尔斯公式也就没有了应用价值。

我们仍然在温和世界中过着日常生活，尽管疯狂世界现象会时不时出现，并毁掉我们平静的日常生活。毕竟，期权合同只能在温和世界签订。疯狂世界里期权没有准确的理论价格，所以不可能有期权合同。麦农和磨坊主需要购买这种期权，以防破产。只要运行的是温和世界规则，投资者也愿意签订期权合同。实际上，长期来看，期权交易中，投资者的收益甚至比麦农或磨坊主还要好。疯狂世界混沌规则运行时，出现负面的黑天鹅事件，麦农或磨坊主不会遭殃，遭殃的是投资者。只要运行的是温和世界规则，麦农和磨坊主交的期权金，就可以确保投资者有不错的收益。

道德方面的教训是：如果想以投资者身份谋生，最好能经受得住市场的彻底崩盘，崩盘后能振作起来，收拾好烂摊子，重新开始。经历几次破产而且每次破产后都能重新站起来，才是"真正意

第六章 均衡之源

义上"的投资者。我朋友亚历克斯有几次都跌到人生中的最低点，但他总能振作起来，而且变得比以前更成功。他除了常说"没有奇迹"外，还常说"下次还有机会"这句话。投资者想要利用好下次机会，就必须成功利用好过去的每一次投资机会，包括那些最后导致他破产的投资机会。对投资者而言，破产不代表失败。只要投资，破产这种令人不快的结果不仅不可避免，而且会不断出现。

据说，富人的废物堆也比穷人的所有财产有价值。某种意义上，投资者的废物堆就是麦农和磨坊主交的期权金。破产后，投资者比麦农和磨坊主恢复得快，因为投资者有废物堆。诚然，投资者也必须能经受得住投资的波动性才行。这预示了本书第四部分要讨论的问题，即如何才能在均衡的温和世界和不均衡的疯狂世界中达到某种平衡。接下来的一章将首先讨论疯狂世界的混沌性。

我们推崇的理念不是出现危机的时候别失败,

而是没有危机的时候,

好好利用危机的对立面,

即:好好利用正面奇迹。

第三部分
疯狂世界

第七章
不可预测事件的数学模型

> 混沌的是大脑，不是心。

布达佩斯博物馆展出了很多奇妙的玩意儿，其中一件就是图12中的双摆模型。双摆模型中，中间轮子延伸出三个杆，每个杆由连在一起的两部分构成。这样一来，每个杆都是个双摆，一个摆连着另一个摆。这三个双摆杆都由同一个螺丝固定在轮子中央位置。当这三个双摆杆从任一位置放开，双摆开始摆动，此时奇迹出现了：每个杆离中心远的第二个摆好像在胡乱摆动，既没有明确的节奏，也没有清晰的逻辑可言。有时三个双摆杆中有一个杆的第二个摆会向上摆动，甚至可能突然出人意料地像游乐园的大摆锤那样翻转过来。再次摆动双摆模型，双摆会出现完全不同的摆动情况。每一次重新摆动双摆模型，摆动结果都不同。

第七章　不可预测事件的数学模型

图 12. 布达佩斯博物馆里的双摆模型（拍摄者：彼得·托马斯）

双摆模型前的游客大多被三个杆的随意摆动弄得目眩神迷。有的游客看着三个双摆杆令人吃惊、出人意料的摆动时，甚至陷入了轻度催眠状态。[1] 吸引游客眼神专注、一直盯着双摆模型看的，不是三个双摆杆摆动的混乱性，而是其摆动的多样性。现有的催眠研究指出，让人进入催眠状态的条件正是眼神陷入专注状态。催眠的其他条件，比如放松（催眠师用语）以及催眠师在现场，也不可或缺。

我女儿8岁时，发现自己可以自然而然地陷入催眠状态。当5岁大的弟弟问她怎么做到的时候，她热情地回答："全神贯注地盯着一个东西，比如蜡烛火苗或墙上的一个点，就可以进入催眠状态了。"弟弟又问她："要闭上眼睛吗？"她回答道："闭不闭眼睛不重要。不过初学者最好闭上眼睛。"

双摆装置也许可以用作冥想的工具。不过，我们关注的则是双摆装置背后的科学原理：这三个双摆杆是真的胡乱摆动，还是遵循着一定规律摆动？囿于我们目前的认识水平和观察水平，我们还无法识别。凭直觉，答案是后一个，即双摆杆遵循着一定规律摆动。直觉告诉我们，这么简易的一个装置，所有的摆动完全靠轮子的转动决定，能出现完全不可预测的摆动，好像不太可能。

但是，直觉是错误的。近年来，数学家已经证明，双摆模型的摆动完全是不可预测的。要证明这一点，不用使用三个双摆杆，一个双摆杆就足够了。图13所示就是从水平方向开始摆动的双摆的运动轨迹，更确切地说，是双摆从水平方向开始摆动时的第一次轨迹。第二次摆动时，尽管双摆开始摆动的位置跟第一次开始摆动的位置几乎一模一样，但是，第二次摆动的轨迹跟第一次摆动的轨迹完全不同。

双摆模型摆动轨迹的变化情况是所谓的蝴蝶效应的一个很好的案例。蝴蝶效应这一术语出现在20世纪70年代。此后，该术语应用于流行文化，成为埃里克·布雷斯和麦凯伊·格鲁勃导演和编剧的惊悚片的片名、一本诗集的标题，以及一支摇滚乐队的名字。

第七章 不可预测事件的数学模型

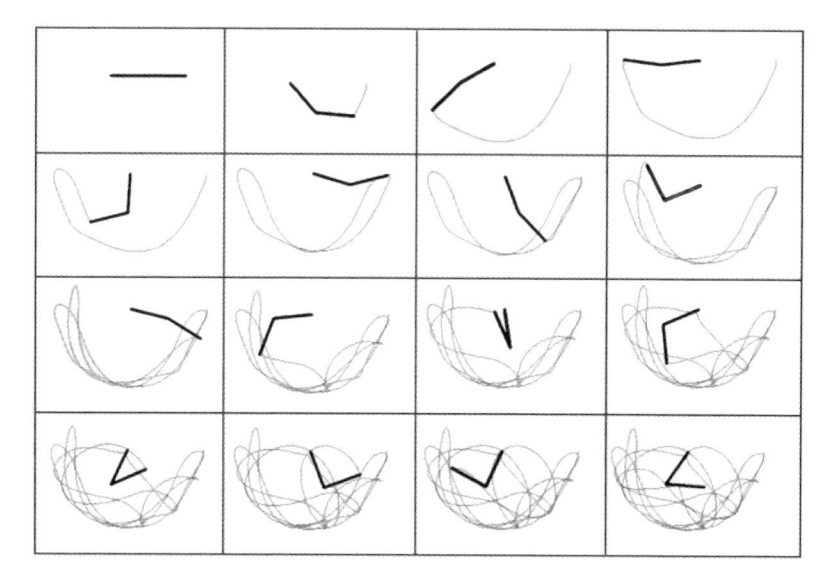

图 13. 单个双摆的混沌轨迹[2]

蝴蝶效应

"蝴蝶效应"一词由美国气象学家爱德华·洛伦兹首次使用，1963 年，他针对一个自己当时感到困惑的事写了一篇文章。[3] 洛伦兹当时用计算机模拟了一个天气现象。他第二次模拟这个天气现象时，偷了点懒，把其中一个参数的值由 0.506127 改为 0.506。这么微小的数值差竟然导致天气模拟的结果被彻底改变。这是怎么回事？洛伦兹不是在随机地模拟天气情况，他当时依据的是一个准确的确定性模型，只是把模型中的一个参数值做了微调，即把小数点后三位之后的三个数去掉了而已。原始数值的微小改动，竟然对最后的实验结果造成巨大影响，这让他非常吃惊。

洛伦兹对这个情况进行了全面而彻底的研究。通过研究，他推出了混沌理论（chaos theory）。法国伟大的数学家亨利·庞加莱（1854—1912）很早以前就描述过混沌理论的一些内容，比洛伦兹推出混沌理论早了 50 年。不过，亨利·庞加莱当时没有像洛伦兹这样给这种现象起一个朗朗上口的名字，这是个大错误，因为给一个理论起个好听、朗朗上口的名字，会大大影响这个理论的普及程度。[4] 结果，虽然是庞加莱首先发现了混沌理论，但混沌理论并没有跟庞加莱这个名字联系在一起。这不是因为庞加莱影响小，可以忽略不计，实际上，庞加莱很有影响，他的名字跟几十个数学概念和物理概念联系在一起，只不过这些数学和物理概念不如混沌理论这么流行而已。

洛伦兹总结说，一些数学体系（比如他的天气预报模型）的原始数据出现微小的改动，会使整个体系的结果发生巨变。以前，数学家一直认为，运行良好的确定性体系的特征是：原始数据出现小的干扰（比如，数值出现微小错误或者数值进行四舍五入），不会对结果产生大的影响。在洛伦兹的第一篇论文中，他引用一位气象学同事的评论说："如果你的理论正确，海鸥扇一下翅膀，就足以永远地改变天气的进程。"海鸥是如何变为蝴蝶的，众说不一。有人认为是一位时尚感很敏锐的编辑把海鸥改成了蝴蝶；有人则称，是洛伦兹本人在后来的一篇论文中用蝴蝶代替了海鸥。不管怎样，反正最后是"蝴蝶效应"而不是"海鸥效应"成为流行语了。在交谈中，我们会经常听到别人说，巴西的一只蝴蝶扇了一下翅膀，结

第七章　不可预测事件的数学模型

果，美国得克萨斯州就刮起了龙卷风；或者，东京的一只蝴蝶扇动一下翅膀，结果，美国纽约州刮起了飓风。

这些美妙的比喻也有其危险之处：比喻往往会让人误解我们所描述的重要事物的真正本质。东京这个城市的蝴蝶当然都在扇翅膀，巴西雨林会有更多蝴蝶在扇动着翅膀。不过，即使这些蝴蝶都在扇动翅膀，我们知道，正如《窈窕淑女》中的卖花女伊莉莎·杜利特尔所说："赫里福德、赫特福德和汉普郡几乎不可能有飓风。"飓风不是东京的蝴蝶造成的，而是因为两种天气形态之间的气流出现一点小变动引起的剧烈的气象结果。因此，西班牙的雨会下到山上，而不会下到平原上。

实际上，混沌理论给出了一个简单奇妙的全新模型。这一模型利用迭代法，从一次迭代到另一次迭代，原始数据的一次又一次小改动带来一次又一次不同的结果，这些结果会跟初始结果的差距越来越大，最后的结果会与初始结果出现巨大差异。即使每次运算都只是改动小数点后十位的一个数，最后的结果也会出现大变化。蝴蝶扇动翅膀引起的气流变化，可以被视为造成热带风暴的一系列事件的始作俑者。不过，这不意味着蝴蝶导致了风暴出现。风暴是由天气变化引起的，天气变化有时符合混沌理论模型。混沌理论模型指出，小动因可以带来大后果。

混沌理论让我们认识到我们所处世界的一个非常令人不快的特征：有些现象不可预测。之所以不可预测，不是因为我们知识不够或观察不到位，无法运算出来，而是因为这些现象的本质特征就是不可预测。遇到这种不可预测的现象时，知识或精准的运算帮不了我们，因为我们用以建模的真实世界里的事件和数学结构都是混沌的。

这些现象不只是理论上的奇事奇物，它们来自现实世界，而且数量还不少。另外，最令人惊讶的是，有些混沌体系要比天气变化简单多了。双摆装置就是一个很好的例子。像布达佩斯博物馆里的那个双摆装置，跟地球的气流变化相比要简单很多，不过，我们只能估摸出双摆的初始位置在哪里，即使两次摆动双摆杆的起始位置出现一毫米的几千分之一的差别，也会引起双摆杆摆动轨迹的巨变。模型是完全固定的模型，不会出现隐藏起来的随机结果，但是摆动行为是混沌的。

随着计算机技术的发展，计算机模拟天气变化会越来越准确，但出现的数学模型却越来越像混沌的动态系统。如果作为自然现象的天气变化适用于混沌理论的数学模型，那么，我们模拟天气时，就做不到一直都能准确预报天气。实际上，情况更糟糕：将天气预报出现重大偏差的次数减少到一定值后，就无法继续减少了。不过，可以将小偏差的次数不断减少，因为小偏差来自天气变化中处于非混沌状态的成分。今天大气条件出现的这些非混沌状态的小偏差不会加剧变为影响明天天气状况的大偏差。但是，不管气象科学如何进步，天气变化中处于混沌状态的成分决定了天气预报总会出现一些重大的错误。

不过，从数学角度看，情况稍微好一些。尽管无法测量混沌系统的准确状态，但是可以计算出其在某个时间段内出现某一状态的概率情况。可惜的是，对混沌系统而言，这并没有多少实际用处，

第七章　不可预测事件的数学模型

因为出现极端状态的概率是可以忽略不计的。比如，龙卷风的出现概率是百万分之一的情况下，天气预报是不会发出龙卷风预警的。天气预报如果太多次预报龙卷风，龙卷风却没来，就没有人会相信天气预报了。

混沌系统中什么事都有可能发生。如果全球天气系统里存在一些行为遵循混沌理论的小系统，那么就可以说，预报天气时时间跨度越长，就越有可能偶然遭遇到这种小系统。因此，总会出现无法预报的天气：晴天有可能打响雷。混沌理论告诉我们，长期来看，天气是不可预测的。尽管地球表面平均温度在过去的100年里明显上升，但我们还是不能百分之百地确定地球表面温度会持续上升，也不能完全肯定会不会出现一个新的冰期。我们可以将混沌理论更好地加以运用，将其应用于各种可能出现的场景，并尝试量化其发生的可能性。

如果预报的刚好是不处于混沌状态的天气变化，预测时就可以有比较合理的精确度了。比如，预报天气冷暖时，预报风暴或预报晴天时，精确度都比较高。但当动态系统处于混沌状态时，情况就不好说了。

完全有可能出现的情况是，混沌理论的模型可以很好地描述大自然的一些重要原则，尽管我们还不知道如何建立这些原则，也不知道这些原则的适用范围是什么。下章谈到的一个基本原则可能是一些混沌现象的理论基础，不过，谈这个基本原则之前，我们首先看一下混沌理论模型可以广泛应用于哪些领域。

大脑和心脏中的混沌

大自然中，有些系统是按照牛顿的世界观运行的，即因和果的变动成正比。但是，大自然中还有些系统，其运行规则需要用混沌理论才能更好地加以描述。当我说一些自然现象符合温和世界规则，其他现象符合疯狂世界规则时，指的就是这个意思。（还有些现象可能既不符合温和世界规则也不符合疯狂世界规则，不过，它们不是本书讨论的范围。）要想知道这些系统如何运行，看看我们人类自己的身体是如何运行的就可以了。

最新研究表明，人类潜意识活动好像基本符合混沌理论模型。[5]我的一个心理学学生特别有意思。他想描述自己的潜意识，描述得虽然还不错，但对一些概念还是一知半解。比如，他说："我刚刚不知不觉地出现了一个口误。""我不知不觉地发现，我想……"有一点这个学生忘记了，潜意识是意识不到的那种意识。如果潜意识真的符合混沌理论，那么潜意识永远也不可能被我们完全意识到。

健康的心脏基本是属于温和世界的，心脏的病理状态可以通过心电图中的混乱要素反映出来。但是，很明显，健康的大脑是疯狂世界现象，记录脑细胞电活动的脑电图显示，脑电波的一个成分如果用混沌的动态系统来模拟，精确度会很高。[6]这些脑电波呈现"规律性的混沌状态"，即定期出现完全不规则的情况。不过，有些病会使这些定期出现的不规则波动消失。依据这些波动是否消失，相关疾病就可以被诊断出来，比如癫痫病。

心脏和大脑的运行模式完全不同，两者已成为两种互为对立的

第七章　不可预测事件的数学模型

态度的代名词。我们认为，人的情绪是混乱无序的，心脏决定了情绪；大脑是稳定的、可预测的。但混沌理论指出，我们关于大脑和心脏的观点应该反过来才对，即大脑才是混乱无序的，心脏则是稳定的、可预测的。尽管《圣经》告诉我们要"用心理解"，但我们今天知道，心脏跟思维根本没有任何关系。科学用了很长时间才认识到这一点。心脏与大脑问题正是法国伟大的化学家安托万·拉瓦锡最后一个伟大的实验涉及的主题。

拉瓦锡不仅是位科学家，而且是一位贵族。法国大革命时期，贵族身份危及他的生命。1794年，他同另外27名税务官（税务官为国王征税而致富）一起被审判、判刑并被送上了断头台。听说自己被判刑后，拉瓦锡意识到，自己有了一个千载难逢的机会，可以回答一个悬而未决的生理学问题了。拉瓦锡要回答的这个问题是：负责意志的是大脑还是心脏？我们现在当然知道这个问题的答案了，但是不要小看这个问题，因为拉瓦锡那个年代的知识水平还无法回答这个问题。现在我们知道，负责思维的是大脑，心脏是负责输送血液的。在拉瓦锡那个时代，很多迹象表明，意志可能是由心脏决定的。比如，真想要什么东西的时候，大脑没什么反应，但会感觉满心向往这个东西。

拉瓦锡设计了下面这个实验：头被砍下的时候，他会尽力眨眼睛。如果心脏和大脑分开后，头上的眼睛仍然不停地眨，就说明意志是由大脑决定的。他眨眼睛的时间越长，越能证明意志是由大脑控制的。拉瓦锡让助手仔细记录他眨眼睛的次数和持续时间，并让助手把这些结果署名为拉瓦锡予以发表。他为自己上断头台可以完成一项科学使命而感到荣幸。拉瓦锡在断头台上被砍掉头的时候，他的眼睛真的眨了 15 秒。而有的资料指出，拉瓦锡被砍掉头后，眼睛眨了 20 秒；其他资料则认为是 30 秒。

  我在很多地方读过这个故事，基本可以确定的是，这些故事没有哪个是真的，全是一种都市传说（urban legend）罢了。没有证据证明拉瓦锡助手发表过任何关于拉瓦锡死后眨眼睛的论文，也没有目击证人叙述拉瓦锡被执刑后眨眼睛，更没有哪个大学曾在教学大纲中提到过拉瓦锡的这个实验。我们今天当然也不会这么教，即使我们现在有说服力更强（但不那么让人害怕）的证据，证明意志就像思维一样是由大脑负责的。但是即使关于拉瓦锡死后眨眼睛的这个实验不是真的，关于拉瓦锡的这个故事还是反映了科学发现之路有多么漫长艰辛：逻辑推理能力跟大脑活动的一个混沌成分相关，而且这种混沌成分好像为人类所独有。不过，人的记忆相对来说还是稳定可靠的；人的个性会慢慢改变，但很少有大的改变；另外，人的思路基本清楚、有条理。那么，记忆、个性和思路方面所需的稳定成分是如何与大脑中的混沌成分相协调的？

混沌的简单性

  数学家和物理学家所指的混沌，不仅没有排除稳定这一可能性，甚至还确保了某种稳定性，尽管不是指日常生活里的那种稳定性。数学家和物理学家认为，如果一个系统具有以下三种特征，那么这个系统就是混沌系统。

第七章　不可预测事件的数学模型

- 系统的状态由几个变量（5~10个）决定，而且这几个变量可以通过简单方式决定系统的状态。
- 这个系统对初始状态的小变化非常敏感。
- 在系统演化的某个时间段，系统可以任意接近理论上的各个状态，尽管不一定真的经历各个状态。

跟其他所有数学陈述一样，对这三个限制条件的陈述过于简单了。要弄懂它们，需要对其做出进一步详细的阐述。

第一个限制条件反映出，即使非常简单的方程式也会有非常复杂的解题方法。以双摆装置为例，双摆装置可以通过三个简单的方程式加以描述，但是双摆杆的运动轨迹却非常复杂。数学上的混沌的要点正是，完全确定性的简单的条件会导致混沌的发生。

第二个限制条件是蝴蝶效应的另一种说法。混沌系统的一个特有属性是，小偏差不会被系统忽略，相反，小偏差会被系统放大。这就是为什么尽管有描述混沌系统的行为方程式（比如双摆的方程式），但是仍然无法预测出这个系统的最终状态。因为现实世界的系统不存在完全准确的运算，因此，运动方程式中的所有初始值都与真值有偏差（即使只是非常小的偏差）。即使初始值出现的只是小偏差，系统运行也会因此发生巨变。

第三个限制条件告诉我们，混沌与完全无序不同。随机噪声，比如无线电静电或河流的汹涌澎湃，不是混沌系统。静电绝对是随机的，但混沌不是随机的。混沌看起来很"不规则"，但不是看起来像"混沌的"就是混沌系统。第三个限制条件还有其他含义。双摆摆动的时候，画在纸上的双摆杆运动轨迹很密集，可以任意靠近吸引域的各个点。但是，其运动轨迹遵循钟摆简单的设计原则，绝不是随机无序的运动。因此，第三个限制条件也意味着，混沌系统基本会到达吸引域的各个点，即只要是吸引域里的位置，不管这个位置在哪里，系统最终都会到达。在某种意义上可以说，混沌系统遵循了大自然没有真空这一原则。

专业术语意义上的混沌不是指完全的混乱状态。实际上，关键点在于，数学意义上的混沌系统看起来混沌，其实是服从一套简单规则的。有些结构比混沌系统复杂得多，比如布朗运动（Brownian motion）、湍流（turbulence）和涡流（vortical flow），但这些结构不是混沌系统。最有意思的一点也许是：混沌系统从理论角度看很简单。

即使是简单的系统，要找到解决方案往往也很难，更别提复杂系统了。这也解释了为什么数学家和物理学家常常非常讨厌过于复杂的系统。大自然不会像数学家或物理学家这样也讨厌复杂系统，因为大自然不用像数学家或物理学家那样努力解题。自然界里，万物依据物理规则、化学规则和生物进化规则生存。所谓生存、消亡，一切由大自然决定，大自然做什么决定跟物种结构是否过于复杂没有任何关系。

人类的大脑结构主要由DNA（脱氧核糖核酸）编码决定，尽管大脑的变量远超出5~10的范畴（5~10个变量是混沌的第一个限制条件），但是要描述大脑结构，需要用到的变量要比信息量少许多个数量级。与数学家和物理学家相比，大自然是在更大的规模上解释第一个限制条件。按照大自然的标准，决定大脑结构的成千

第七章　不可预测事件的数学模型

上万个基因编码只是大脑中"很少"的变量。我们可以想象一下自然选择到底如何让人类大脑在很少的变量基础上进化成为如此复杂的结构，尽管数学家或物理学家会很讨厌处理这么多变量，但还是可以这样想象一下。

看起来，要让人类的大脑具有高级认知能力，就需要让大脑依据混沌规则运行。但是，这不意味着需要把混沌规则编码在 DNA 里，也不意味着需要把万有引力常数（gravitational constant）编码在动物大脑里，才能让动物保持平衡。不过，物理规则是自然环境的一部分，生物体进化时，需要受这些规则的限制，同时，生物体还需要在这些规则的可能性范围内进化。

人类是唯一能够把混沌规则应用于认知过程的动物。脑电图显示，人类脑细胞时刻都很活跃，就连睡觉时脑细胞也是活跃的。其他动物做不到这一点。我们的近亲大猩猩也做不到。大猩猩睡觉时，脑细胞是不活动的。要启动大猩猩大脑高级功能，必须有外部刺激。人类大脑细胞一直处于活跃状态，因而具有了长期混沌行为的能力，这好像是人类思维的特有属性。

混沌科学

数学的主要目的之一是找到更好的运算方式。最近一万年以来，出现了更加复杂的运算工具和运算规则。但是就连最聪明的数学家也会被人类的不理智打败。比如，牛顿于 1720 年炒股损失 2 万英镑（当时这是巨款）后是这么评价股票市场的："我可以计算出天体的运动轨迹，却算不出人类有多疯狂。"[7]

另外，从古时候起，数学家就开始思考诸如数字和几何图形这些数学对象的性质问题。早在公元前5世纪，毕达哥拉斯学派就发现了无理数，古希腊几何学家当时则提出了一个著名的数学问题，即只用一把直尺和一个圆规能否把任意角进行三等分。古希腊人提出的这个问题直到19世纪也未得到解答，后来，更高级的数学定理表明，无法对任意角都进行三等分。

三等分角问题提出两千年后才有了答案。数学家们坚信，所有数学问题最终都会被解决，所有理论上可以运算的数学问题，最后在实际生活中都可以得到运算。这也许解释了为什么庞加莱关于混沌的科学发现在当时那个时代没能引起巨大的反响。但是，哥德尔的不完全性定理粉碎了数学家两千年来坚信所有数学问题最后都会被解决这一信念。数学无法对所有数学题进行运算，也无法对所有数学断言进行证明或证伪。明确这一点后，数学家开始关注起了数学的边界问题。数学中不可运算或不可预测的问题有哪些？除了指明不可运算或不可预测外，数学还能对这些不可运算或不可预测的数学问题做些什么？

目前为止，我们主要考察了混沌的负面，即其不可运算、不可预测的一面。不过，尽管无法预测混沌系统未来会处于什么样的状态，但有时却可以算出混沌系统处于某些状态或不处于某些状态的概率情况。这种概率运算给出了一种理论方案，但结果却是，混沌系统本身的性质决定了极端事件预报要达到某种准确度是不太可能的。

第七章　不可预测事件的数学模型

要注意，混沌理论跟无序、随机或混乱无关，而是与一种完全明确的表面无序相关。科学就是这样运行的。只要有可能，科学会去解决简单问题，即那些通过实验可以回答的问题，而把那些大而难的问题留给科学之外的其他方法去解决。科学不会回答下面这种问题："生命的意义是什么？""为什么会有东西而不是什么都没有？""世界的终极和谐什么样？"科学会回答下面这种普通的问题："球滚下斜面的速度有多快？""血液在身体里如何流动？""动物如何繁殖？""苹果被手指捏成果肉后会变成棕色，为什么橘子不会？"（顺便提一句，匈牙利科学家阿尔伯特·圣捷尔吉因为最后一个看似随机的问题得到灵感，从而发现了维生素 C。）

混沌理论认为一切的复杂源于简单，这让科学探索变得非常容易，因为混沌理论可以描述很多现象，其结果可以被广泛应用。通过回答狭义的、看似简单的问题，科学家可以得出非常普遍性的结论。比如，除了科学，我们很容易在神秘主义者或哲学家的作品中读到或从艺术作品中看到物质与能量守恒定律的存在。像神秘主义作品、哲学作品或艺术作品这些科学以外的探索世界的其他方法，虽然无法像科学那样严格精密，但这些方法最后实际上也发现了守恒定律。科学的一个特征是，我们不仅获得知识，而且还知道这些知识是如何获得的。

得益于混沌理论，科学家发现了标度不变性（scale-invariance）。标度不变性就像物质和能量守恒定律一样，不仅是个简单奇妙的原则，而且还具有普遍性。

第八章
标度不变性

有多少次我希望我的眼镜也有个电话号码,这样一拨号码马上就能找到它!

图 14 显示的是 2012—2013 财政年度英镑对美元的汇率变化情况。横轴上没有日期和时间,竖轴也没有垂直标度。图 14 中的 4 个图形代表英镑对美元 4 个时间段的汇率变化曲线。这 4 个时间段分别是 5 分钟、1 小时、1 天和 1 周。猜猜 4 个图形分别是哪个时间段的汇率变化曲线?我现在不会说出答案,以免扫大家解题的兴趣。答案会在本书的注释中找到。[1] 亲爱的读者,如果猜不出答案,也没关系,最著名的股神也不见得知道答案。

第八章　标度不变性

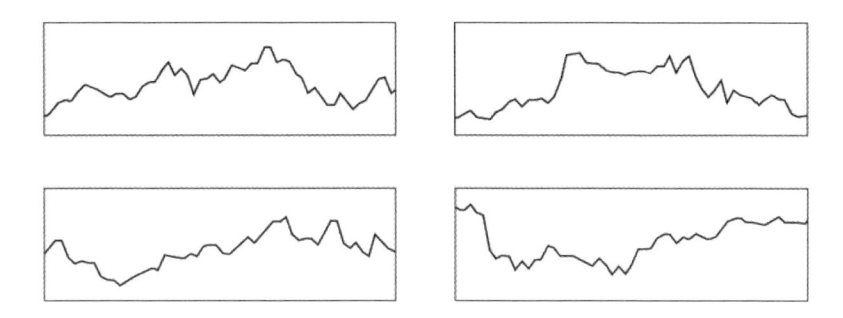

图 14. 英镑对美元汇率图（绘制者：约瑟夫·本茨）

自相似性（Self-Similarity）

金融市场曲线虽然都是不同时间的曲线，但看起来却一模一样，这引起了贝努瓦·曼德勃罗（在第六章中提到过）的注意。曼德勃罗想知道，金融市场曲线图看起来总是一模一样，到底是因为金融专家在制图时漏掉了什么，还是因为这些图的确根本就没有什么不同。

图 14 中的 4 条曲线如果表示的是英镑对便士的换算情况或美元对美分的换算情况，那么，这 4 条线就不应该是曲线，而肯定是水平方向的直线，因为英镑对便士的换算情况或美元对美分的换算情况在 5 分钟、1 小时、1 天和 1 周之间不会出现什么差别，所以这 4 条线没有时间标度也是可以的。但是，这 4 条线显示的是英镑对美元的汇率变化，而且是处于明显波动状态的汇率变化，所以，可以认为这些波动应该是随着时间的变化而出现的。比如，汇率在一分钟内的波动情况与一周的波动情况应该是不同的。但奇怪的是，图 14 的 4 条汇率曲线的波动情况竟然一模一样，并没有因为

时间的不同而出现任何不同。

要给这种曲线图建立模型,曼德勃罗需要找到一个理论和实际生活中(肉眼看到的)标度都不变的数学对象。很明显,直线就是这样的数学对象。但是有没有其他非平凡的(数学家用语)数学对象呢?如果这种非平凡的数学对象不存在,就说明,金融市场曲线图背后还有我们不了解的知识,这些知识有一天能让我们给金融市场曲线图标上时间尺度,并带来一些有关金融市场性质的重要的新发现。

如果我们不找数学意义上严格的自相似性集,而只是在找不同标度上相同的物体,那就会从大自然中找到很多例子。比如,蕨类植物的叶子就是很好的例子。蕨类植物长着大叶子,每一片大叶子上都长着明显相同的小叶子,每一片小叶子上长着许多明显相同的更小的小叶子,以此类推(见图15)。但这种自相似性不是永远存在,到某个点后,这种自相似性会消失不见:单个蕨类植物细胞看起来像正常的植物细胞,而不像蕨类植物的叶子。

图15. 具有自相似特征的蕨类植物叶子

第八章 标度不变性

艺术作品中也有这样的例子。图 16 显示的是罗马科斯梅丁圣母教堂一幅 17 世纪的镶嵌画。波兰数学家瓦茨瓦夫·谢尔宾斯基基于三角形镶嵌三角形这一思路，发现了一个真正的自相似集，也就是所谓的谢尔宾斯基三角形。谢尔宾斯基三角形可以无限次重复迭代，一直不断地挖去三角形。图 17 显示的是去三角形过程的四次迭代。其他真正的自相似集早在 19 世纪末就已经被发现，都比曼德勃罗发现得早。这些自相似集大部分被视为奇物。曼德勃罗将其称为"分形"，原因将在下面谈到。

图 16. 罗马科斯梅丁圣母教堂一幅 17 世纪的镶嵌画（弗朗西斯科·科米特拍摄；重印许可证 https://creativecommons.org/licenses/by/2.0/legalcode）

图 17. 谢尔宾斯基三角形的四次迭代（绘制者：约瑟夫·本茨）

分形

20世纪70年代末，曼德勃罗在IBM公司的沃森研究中心工作，得以接触到当时高性能的计算机图形。1980年，他编写了一个计算机程序，用以展示图18所示的数学图形，这些图形后来被称为曼德勃罗集。曼德勃罗集，或更确切的术语曼德勃罗集边界，由非常简单的方程式形成，边界线服从标度不变性。不管放大多少倍，曼德勃罗集看起来都像原始图形，放大了多少倍其实根本说不清。在网上可以找到一些非常棒的动画，演示曼德勃罗集不断被放大的情况，原始图形重复迭代，具有自相似特征。[2]

不用说，曼德勃罗集边界绝对不是普通曲线，不是圆弧，也不是奇妙的弯弯曲曲的曲线。实际上，曼德勃罗集边界不是一维图形，当然也不是二维图形，因为它并没有占据整个二维平面。实际

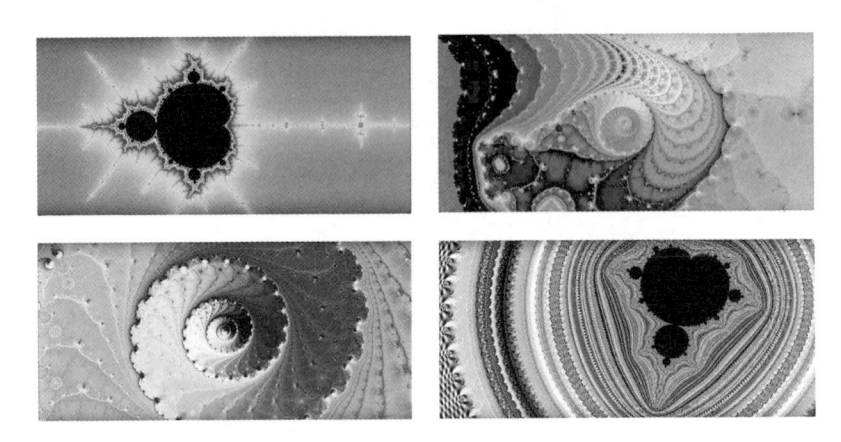

图18. 曼德勃罗集（左上方）和按照顺时针方向把它的中心持续放大得到的视图（每次都是几十亿倍的放大系数）

第八章 标度不变性

上，它更像变化无常的浮云。如果想按照空间维度来定义，曼德勃罗集应该介于一维和二维之间。曼德勃罗正是从分维角度，将这种图形集称为分形。[3]

互联网上可以找到很多分形图案，也可以找到分形生成器，读者可以找来看看，利用分形生成器对分形进行深入探索。分形生成器只用几个参数就可以生成丰富多彩的分形图案。图 8 的分形和图 19 的两个分形，制作方法简单，只用了普通图像处理器 Photoshop 的分形生成器。另外，还可以用分形生成器给分形图案上色，上色后，图案显得更华丽壮观，其不规则性与对称性也会更加突出。

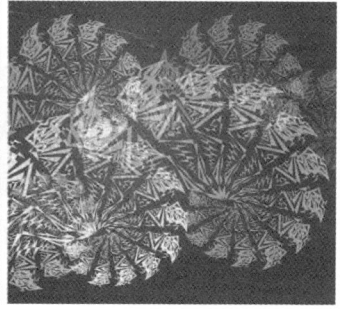

图 19. Photoshop 制作出来的分形图（制作者：维拉·梅洛）

标度不变性是一条自然规则

曼德勃罗发现，金融市场曲线图具有很多分形特征。金融市场曲线图是否应该有标度，前文已经探讨过了。如果金融市场曲线图是分形，那么曲线图在所有尺度上就都具有自相似性，这就意味着，金融专家在制作金融市场曲线图时并不是忘了标记尺度。因为金融市场曲线图具有自相似性，所以，没有办法标记尺度。即使在理论上，金融市场曲线图也是没办法标记尺度的。看起来，金融市场具有标记不变的特征。

正如双摆杆的初始限制条件决定了双摆杆的摆动轨迹一样，分形的参数决定了分形的生成方式。在双摆装置中，参数出现很小的变动，就会导致双摆杆摆动轨迹出现巨变。分形是否也遵循这一规则呢？分形生成时对初始限制条件敏感吗？答案是非常敏感，这一点将在下文谈到。

曼德勃罗用分形概念来模拟金融市场行为，但他很快就开始思考一个问题，即：分形也许并不是什么例外现象，而只是自然规则。比如，海岸线是随机的弯弯曲曲的曲线，特别像上周的道琼斯指数；有时候，岛屿像变化无常的浮云。从远处看，海岸线似乎是很明确的不规则的锯齿状轮廓，但越往近看，越清楚地看到其精细的锯齿状，放大到最后，基本搞不清其中一个点——比如一颗石子或一粒沙——到底是属于大海还是属于海岸。实际上，海岸线跟曼德勃罗集边界一样都是分形。

曼德勃罗早期对分形的一些思考发表在他1967年的一篇题为《英国海岸线有多长？自相似性与分维》的论文中。在文章中，他描述了"海岸线悖论"，即：测量海岸线时，用的测量单位越小，得出的测量结果就越大，因为小的测量单位可以测量更多精细的小的弯弯曲曲。的确，测量简单圆弧时也会得出同样的结论。不过，测量圆弧时，小测量单位得出的测量结果是接近于一个固定极

第八章 标度不变性

限值的,这个固定极限值被称为弧长。测量其他常见的曲线,结果也是一样。不过,测量分形得出的结果是不一样的,因为分形图案的长度无限大。由于海岸线是分形,海岸线有大大小小无限的细节,所以其长度也是无限大。曼德勃罗指出,英国海岸线无法画得清楚,其长度也无法测定。英国海岸线长度是无限大,就像柯西分布一样,没有标准差。所以,分形就像柯西分布一样,是疯狂世界现象。

曼德勃罗受到海岸线的启发,开始寻找大自然中的分形现象。他发现,一旦知道要寻找什么东西后,就几乎处处都能遇到这种东西。蕨类植物叶子是分形,鼹鼠的隧道系统是分形,山脉、雪花、云朵、挪威峡湾边界也是分形,甚至人类的大脑也可以被视为一种复杂的分形。曼德勃罗把他的这些发现都写进了他1983年的专著《大自然的分形几何学》(The Fractal Geometry of Nature)里。

心理学家对分形也很感兴趣,他们研究人们对图片(图片中既有风景画也有抽象画)的喜好时,总是得出相同的结论,即人们都更喜欢分形图案。[4] 人们之所以更喜欢分形图案,也许是因为周围都是这种图案,人们更熟悉的是分形图案,而不是传统的几何图案。我们周围基本上全是分形图案,但心理学家竟然花这么长时间才得出结论说,人们更喜欢分形图案,这可真有点奇怪。

艺术领域很早就有分形图案了,比如前文提到的17世纪的谢尔宾斯基三角形。另外,哥特式建筑中华丽的拱门和窗饰都具有自相似特征。很多现代绘画也具有自相似特征。分形生成程序普及后,出现了一种专门用分形进行创作的新的艺术形式。如图20中的曼德勃罗球（Mandelbulb），它是曼德勃罗集的三维图形，由丹尼尔·怀特和保罗·尼兰德制作。

现在，计算机制图人员大量使用分形。视频游戏里栩栩如生的山脉和云朵画面都是由分形生成算法制成的。甚至文学也有自相似性。比如，由15首诗组成的14行组诗中，最后一首诗是前14首诗的总结，由前14首诗的第一句组成。音乐的赋格曲（fugue）中，单一主题不断重复，具有自相似性，音符值的增值（augmentation）和减值（diminution）都具有标度不变特征。赋格曲主题以长音符（增值）或短音符（减值）形式出现；叠奏（stretto）过程中，在主题未结束时，另一声部即开始模仿主题；反演（inversion）时，主题以上下相反的形式出现。

图20. 曼德勃罗球（制作人：丹尼尔·怀特和保罗·尼兰德）

第八章 标度不变性

对工程师而言，标度不变有很多好处。工程师只用一个设计方案，就可以制造出一模一样、尺寸不同的机器。但是，我们很快就会遇到问题。比如，一模一样的三维分形尺寸越来越大，体积与表面积的比率因此会出现变化，带来的后果是，结构稳定性或热力学稳定性方面会出现问题。反观自然界中的分形，就不会有类似问题。大自然没有去精心设计，只是去创造，适者才生存下来。

如果我们能发现一条自然规律，即万物都尽量保持标度不变，就意味着，我们在了解自然界如何进化出一些异常复杂的结构方面向前迈进了一大步。另外，这还意味着，万物具有标度不变特征，是源于一般规则，而不是源于个体进化过程中的某个特殊设计原则。如果这一至今无人知晓的一般通用原则被发现，我们该感谢的人是曼德勃罗。不过，即使有这么个一般通用的原则，我们现在对其运行机制还是知之甚少，更无法确定其有效范围。

标度不变的混沌

混沌与标度不变性密不可分，但明显、细微的线段是个例外。这种线段虽然标度不变，但不具有混沌特征。其他标度不变的物体都具有前文提到的混沌的三个特征。

- 系统由几个变量生成。比如，曼德勃罗集就是由一个非常简单的方程式生成的，方程式中只有一个复杂的变量。图20中的曼德勃罗球只用三个变量就生成了。如果为提高图形的多样性，允许随机性，再增加一个变量就可以了。更加复杂一些的分形，方程式会更多些，但是数量一般在5~10个。不过，即使更多数量的变量生成的分形，还是会出现混沌状态。比如，人类的大脑就是这样：人类大脑由成千上万个基因生成，但仍呈现混沌状态。

- 系统对初始状态的小变化非常敏感。对分形而言，初始状态就是生成它的方程式。自然，方程式中参数的微小变化，都会让分形出现巨变。

- 混沌系统在演化的某个时间，系统可以任意接近理论上的各个状态。在生成自己的平面区域或三维空间（多维空间）里，分形都是密集的，就像云都是密集的一样：分形不是实心的，但分形接近定义域中的各个点。定义域内不属于分形的点都任意接近属于分形的点。

混沌的不可预测性也适用于分形。我们取平面上任意一个点，问它是否属于给定的分形。没有什么通用的办法来确定这个点到底属不属于这个分形。这么说似乎违反直觉，因为分形是由几个方程式生成的，理论上我们应该可以确定某个点是不是属于某个分形。但是哥德尔不完全性定理告诉我们，无法确定某个点是不是属于某个分形是很正常的。以双摆为例。双摆初始条件下的摆动轨迹我们是可以跟踪的，即如果双摆经过我们任意选的那个点，我们就可以确定这个点的确是在双摆运动轨迹以内。但是，如果双摆摆动时没有到达我们选的那个点，我们不能预测说，双摆有一天会到达那个点。

第八章　标度不变性

这同样适用于分形：确定某个点是否属于某个分形的唯一办法是，用计算机把方程式的所有分形都画出来。如果有一天计算机画出的某个点正是我们选出来的那个点，我们就能确定这个点的确属于这个分形。计算机可以把这个分形一直画下去，但是，我们的确不知道这一天会不会到来。可能会出现这样一个结果：我们选的那个点实际上不属于这个分形。当然，不管我们用计算机画多久，我们永远也无法确定这一点。

尽管所有分形都是混沌的，但是不是所有混沌现象都是分形结构？比如，双摆杆摆动轨迹是混沌的，但不是分形。不过，有一点是对的，分形是自然界最常见的混沌表现形式。也就是说，混沌在自然界是以标度不变的形式出现的。当然，如果最后证明曼德勃罗实际上指出的是一个一般条件下都有效的全新（以前从未出现过的）原则，也不奇怪。也许按照标度不变性这种方法，大自然可以比较经济地造出结构非常复杂的生物体。也可能，通过标度不变，大自然真正实现了无真空状态。除了细微的线段，其他标度不变的情况都自动地处于混沌状态。另外，上一章谈到过，混沌中不存在真空，也就是混沌密集地占有整个定义域。基于我们今天的知识，这都只是推测，但是我们明确知道的是，标度不变现象和混沌现象在自然界随处可见。

无标度网络

尽管曼德勃罗主要把自相似性作为一种几何现象进行了关注，

但自相似性被证明是一个更为宽泛的概念。自相似性最富有成果的应用之一是发现了无标度网络。匈牙利裔美国人艾伯特-拉斯洛·巴拉巴西在其畅销书《链接》(Linked)中让"无标度网络"一词广为人知。

对数学家和物理学家而言，网络结构包含很多节点（顶点），有些节点（不一定是所有节点）通过边相互连接。网络可以表示各种关系。比如，网络可以表示一群人的人际关系，一个人用一个节点表示，两个节点之间有一个边就表示两个人是认识的。大脑的神经元也可以形成网络，有些神经元是连接在一起的，有的不是。网页也可以形成网络，就是所谓的网站链接图。如果两个网页相互关联，就会通过一个边连在一起。我们还可以画出学术论文的网络图，一个链接表示一篇论文引用另一篇论文。飞行路线也是网络，以城市为节点，两个城市之间如果可以直飞，两个城市就会通过一个边连在一起。巴拉巴西和他的合作者做出的伟大发现是：自然界的大多数网络以及社交网络，差不多都具有标度不变特征，就像多数自然出现的混沌系统都具有标度不变特征一样。

有些网络有着某种不对称性。比如，学术论文网络中，如果论文 B 引用了论文 A，那么很可能论文 A 不引用论文 B（因为论文 B 发表在论文 A 之后）。把论文 A 和论文 B 连在一起的这个边是有方向的，我们可以将这种网络称为有向网络，也可以说，一个节点上的边是过来或是过去。类似地，飞行路线网络中，有阿尔图纳市直飞波茨维尔市的飞机，但没有波茨维尔市直飞阿尔图纳市的飞机，所以，网络图上有从阿尔图纳市节点去波茨维尔市节点的边，相反

第八章 标度不变性

方向就没有边。

网络中的标度不变性与几何图形的标度不变性相似：网络的每部分看起来跟其他部分基本类似，子网络跟整个网络类似，子子网络跟子网络类似，所以没办法知道某个网络到底是哪个尺度上的网络。从不同的尺度看网络，如果把城镇看作顶点，而不是把一个个人看作顶点，那么网络看起来也没有什么不同。

无标度网络具有一些其他多数网络不具备的非常有趣的特征。比如，无标度网络在以下方面非常密集：每一对节点间的距离都非常短。举例说明，据估计，地球上任意两个人如果想要建立联系，最多通过6个人，就可以成功取得联系。互联网组成的网络非常大，是一个有向网络，地球上每两个人就有一个网页。每个网页跟其他网页建立联系，最多只需点20下鼠标。（当然，有一小部分人外面没有认识的人；类似地，有的网页也没有导入的链接。尽管这种"孤岛"从外面无法连接，但是绝大多数网页都可以和其他网页建立联系。）

跟"普通"网络相比，无标度网络的另一个特征是有更多可以导入或导出链接的节点，普通网络的大多数节点没有什么链接功能。通过这些高效连接的"枢纽"，信息大多数都通过无标度网络输送。如果我们想在无标度网络输送一条信息，首先要找到枢纽。社会科学里，这些枢纽通常被称为舆论领袖。一些灵长类动物的舆论领袖常常由年长的雌性灵长类动物担任，它们负责整个猴群的梳洗工作，同时传递信息。在人类社会中，邮递员或理发师的工作比较类似于舆论领袖。[5]

有关无标度网络的一个比较有趣的例子是我们找东西的方式。我们找东西的时候，如果在一个地方翻几下还找不到的话，马上就会换个地方找。在第二个地方翻一下还没有的话，就会再换个地方找。如果我们把找过的几个地方都用节点表示，用边来表示我们在这几个地方一步一步的路径，就会生成一个被称为"莱维飞行"（Lévy flight）的无标度网络。莱维飞行是以其发现者法国数学家保罗·莱维（Paul Lévy）的名字命名的。[6]

假设我们是在找眼镜或手机（起码可以用身边的电话拨一下手机号找到手机，有多少次我希望我的眼镜也有个电话号码，这样一拨号码马上就能找到它），如果身边没有其他电话，可以试试莱维飞行模式。蜜蜂、信天翁、鹿和燕子觅食时，都遵循无标度莱维飞行模式；也许它们寻找筑巢材料时，也遵循无标度莱维飞行模式。

保罗·莱维于20世纪30年代发现这种搜索算法。他通过实验证明，在一些场合，莱维飞行是最优搜索方法。因为这种搜索方法把重复搜索的概率降到最低，并最大化地扩大了搜索区域。这样一来，莱维就证明了标度不变性不仅有理论优势，甚至对实际生活也有好处。不过，他当时没有使用标度不变性或自相似性这些名称，因为这两个概念在莱维那个时代还没有出现。莱维只是意识到有一个参数非常特别，这个参数也是疯狂世界科学里一个有着重要作用的参数。

诺依曼觉得莱维的思维过程非常了不起。曼德勃罗记录下了诺依曼对莱维的评价："我已经过世的老师诺依曼告诉我，'我以为我了解其他数学家是怎么运算的，但是莱维就像个天外来客。他

第八章 标度不变性

寻找科学真理时有自己一套独特的方法，他的思维过程让我不太习惯'。"曼德勃罗自己也谈到了莱维，他说道："后来我告诉莱维，我发展了他的思想并将他的数学应用于经济，莱维非常吃惊，也许是很不高兴。他认为，'真正'的数学家不应该去做像研究收入或棉花价格这样平凡的事。"[7]

生成疯狂世界的成分

莱维研究无标度网络之路是从解决一个纯数学问题开始的，但这一概念进入科学研究领域，还需要半个世纪的时间。无标度网络比较有趣之处在于，我们清楚地知道无标度网络是如何自动出现的。艾伯特-拉斯洛·巴拉巴西和雷卡·艾伯特设计的一个简单奇妙的数学模型对这一点进行了演示。演示时他们用的都是真实世界的各种网络，比如同一部影片里出现的好莱坞演员的网络连接、网络的某些部分和美国电网。每一次演示的网络都以较好的精确度遵循了他们的模型。[8]

假设我们构建网络时是一步一步进行的，新节点都偏向于跟最早的节点建立连接，一个人越早进入这个网络，新来的人越可能跟他建立联系。这意味着，老成员与新成员相比，有更多连接优势。巴拉巴西和艾伯特通过实验证明，一些条件下，只依据这条简单原则，就足以建立一个无标度网络。只要网络某些节点比其他节点更有连接优势，就会出现这一结果。（如果将弱连接和强连接的可能性都考虑在内，情况会变得更有趣也更复杂，但这里不会对此多加讨论。）偏向连接会带来无标度网络，这一效应被称为马太效应。马太效应来自《圣经》："因为凡有的，还要加给他，叫他有余；没有的，连他所有的也要夺过来。"（马太福音 25:29）用现代语言表述，就是富者更富，穷者更穷。

除了马太效应外，无标度网络的出现还有三个成因。[9]第一，复杂性的增加。网络变得更加复杂后，就会采用模块结构，因此会使网络变成无标度网络。第二，积累的增加。比如知识积累或资本积累。第三，激烈的竞争。比如，生物进化让一些有机体具有了杰出特征。虽然至今还没有正式的证据证明这些成分如何导致网络出现标度不变这一特征，但已经有很多符合逻辑的观点证明了这一效应。另外，直觉也明确说明，复杂性的增加、积累以及激烈竞争不仅会导致自然界出现无标度网络，人类社会也会出现无标度网络。标度不变意味着混沌：初始条件的微小变化会导致标度不变的网络发生巨变。这解释了为什么会有那么多种类的自然网络和社交网络，尽管其背后的生成原理非常简单。

弱连接的优势

20 世纪 60 年代，美国社会学家马克·格兰诺维特研究人们如何找工作。他对几百份面谈材料和问卷材料进行分析后惊奇地发现，多数人不是通过报纸广告或熟人找到工作，约 80% 的人是通过一个不太熟悉的人成功找到工作的。格兰诺维特于 1973 年发表这篇很有名的论文时，用的标题是《弱连接的优势》(The Strength

第八章 标度不变性

of Weak Ties）。[10] 这篇文章成为社会学出版物网络中的一个大型枢纽，被引用约 3 万次。

巴拉巴西发现，弱连接优势现象不仅适用于找工作，它同时强调了无标度网络具有的一个最为有趣的特征：枢纽的连接几乎都是弱连接。自相矛盾的是：正是这些弱连接才让网络免于崩溃。

无标度网络中，强连接会形成岛屿。岛屿中的节点大多数时间与岛内的平行节点建立联系，与岛屿外的其他节点基本没什么关联。一个枢纽有很多岛屿，就会有很多弱连接，正是这些弱连接才使所有节点都连在一起，从而使整个网络免于崩溃。格兰诺维特研究发现，这就是为什么帮忙找到工作的基本上不是自己的亲朋好友。我们和亲朋好友的生活圈子差不多，找工作时，亲近的人介绍的人我们一般都已经接触过了。如果我们只有强连接，就会发现自己生活在一个封闭的世界里。

匈牙利生物化学家彼得·切尔迈伊多年来一直在研究逆境蛋白（stress protein）。逆境蛋白形成有机体最古老的防御系统。一种蛋白错误折叠时，逆境蛋白就会出现，让错误折叠的那个蛋白有机会正确折叠。蛋白质可以有各种三维结构，有时候出现的错误折叠会导致无法正常工作的情况。切尔迈伊称："如果没有逆境蛋白，细胞会充满错误折叠的蛋白质，这些错误折叠的蛋白质会以最快的速度聚合。"切尔迈伊回答了一个重要问题——逆境蛋白是如何在需要时出现的。切尔迈伊继续说道："前 5 年，我一直在用一个生物化学家能想到的办法攻击逆境蛋白，比如，隔离、切碎、烹饪，用酸、碱和放射性液体浸泡。我花了 5 年时间才发现逆境蛋白跟其他蛋白不一样……逆境蛋白的确会畸变，也会聚合，虽然只出现一点点聚合情况，但是聚合方式跟其他东西是一模一样的。"[11]

奇怪的是，逆境蛋白到底是如何工作的，这个问题的答案不是来自生物化学，而是来自网络理论。逆境蛋白的工作模式像无标度网络中的枢纽。逆境蛋白是弱连接。其他蛋白忙着行使自己特定的生理功能，跟另外几个蛋白有着强连接，并同这几个蛋白一起完成某种生理功能，但没有时间和精力有弱连接。逆境蛋白就像灵长类动物中年长的雌性，清理着这个猴群，并让猴群成为一个有凝聚力的集体。

无标度网络通常通过弱连接达成稳定状态，这种稳定性是只有无标度网络才具有的固有特征。稳定性让无标度网络可以长期存在而不会崩溃，即使网络过大，没有顶点直接连到整个网络中最边缘部分的情况下，网络也不会崩溃。通过弱连接，一个百万人口的大都市结构紧密，可以正常运行。因为有弱连接，人类大脑千亿个神经元才能形成连贯的思维。由于弱连接，万物追求标度不变性才成为自然界的一个基本原则。

第九章
疯狂等级

>有比混沌更混沌的东西。

假设我们住在百万湖之国,国内湖泊很多且大小不一,最大的湖泊有 75 英里①宽,第二大湖 45 英里宽,就连千分之一大的湖也有 700 英尺②宽。当然,几英尺外还有成千上万的池塘,但池塘不是我们关注的对象。[1]

我们国家的湖泊都已制成地图,每个湖的大小都有标记。边境另一边有个亿湖之国,这个国家没有给自己国内的湖制图。亿湖之国非常像我们国家,只是面积比我们国家大 100 倍。我们是探险者,到从未去过的亿湖之国需穿越一个未知的湖。因为有雾,我们看不到湖对面,但我们还是勇敢地坐上小划艇出发了。我们认为自己有足够的体力和食物划到湖对面,不可能运气那么差,刚好选了

---

① 1 英里 ≈1.6 千米。——编者注
② 1 英尺 ≈0.3 米。——编者注

个 100 英里宽的湖，亿湖之国面积这么大，可能有比我们选的这个湖还大的湖。我们要穿过去的这个湖虽然看着非常大（可能是个大湖，虽然雾正在散去，但我们还是看不清湖对岸），但根据我们对自己国家湖泊的了解，我们猜这个湖可能不会超过 5 英里宽，划到湖对面应该很容易。

时间一分一秒过去了，我们已经划过 20 英里了，但仍然看不到对岸。我们觉得有点失望，于是放下桨，重新估计这个湖的大小。到底还有多远就能到对岸了？如果我们很悲观，认为自己面临的可能是一个长生不老现象（温和世界的极端现象），那么我们可能要再划一开始预估的那个距离，即再划 5 英里。

如果我们现在真的是在温和世界里，这么想就真的太悲观了。因为温和世界里并不是每天都发生这种极端现象的，只有很少的事情会发生极端现象。温和世界更为常见的是，事情总有结束的一天。所以，在湖里划船，划过的距离越多，意味着离对岸越近。这好像更有可能。不过，疯狂世界就不一样了，疯狂世界里有很多事比长生不老现象还奇怪。假设我们现在是在疯狂世界里，那么，我们划得越远，离对岸就有可能越远。这对坐在小划艇里的我们而言可不是什么好事！

所以我们开始战战兢兢地重新计算离岸距离。假设亿湖之国湖泊的宽度分布跟我们国家湖泊的宽度分布一样，不同的只是湖泊数量多，是我们国家的 100 倍。说不定我们国家湖泊的宽度分布属于疯狂世界现象，我们只是没有意识到这一点，因为我们只知道湖泊的名字而已。

第九章 疯狂等级

想到这里，我们开始悲观失望。我们意识到，即使是在自己国家的湖里划船，也可能会遇到划得越远离对岸越远的情况。比如，假设我们在自己国家的一个湖里划过 30 英里仍然看不到对岸，可能就会总结说，我们是在两个最大的湖中划船——我们国家只有两大湖泊超过 30 英里宽，剩下的距离要么是 15 英里，要么就是 45 英里。所以，在自己国家的湖里划 30 英里后，要到对岸，平均还要再划 30 英里，根本不是我们原先想的 5 英里。另外，我们还意识到，这种情况不仅在自己国家两个最大的湖里划船会遇到，在国外的这次探险中也会遇到。想着想着，我们不由得悲伤地认识到，我们遭遇到了一个这样的普遍原则：划过 x 英里后，还有另一个 x 英里要划。

我们国家湖泊的宽度分布属于疯狂世界现象，即划得越远，离对岸可能会越远。因此，我们不仅会在国外的这次探险中遇到比温和世界的极端现象还严重的情况，在国内湖泊划船时也会遇到，我们现在意识到了这一点。亿湖之国的地理条件基本跟我们国家的相同，因此我们有理由认为，除了湖泊更多，亿湖之国的湖泊宽度分布也应该跟我们国家的相同，划得越远，离对岸越远。但到底还有多远？75 英里后还看不到对岸，我们到底还有多远才能到对岸？在我们自己国家的湖里划这么远的话，肯定已经到对岸了；划 75 英里后如果还看不到对岸，最好考虑一下精神会不会出问题。但在亿湖之国，没法保证这里最大的湖只有 75 英里宽。像亿湖之国这么大的国家，湖可能有几百英里甚至几千英里宽。在茫茫的湖面上，我们不得不承认，我们可能还要再划 75 英里才能到对岸。如果划 75 英里后还是看不到对岸，可能就得再划 150 英里了。

曼德勃罗系数

但是，我们这么简单地估计湖泊宽度分布比例合理吗？如果两个国家湖泊的宽度分布都很好地遵循了数学中的无标度网络，对应于各个顶点的连接分布，那我们的估计就是合理的。从数学角度看，如果无标度网络被证明是描述湖泊宽度分布的合适模型，那湖泊宽度分布就可以这么运算。我们现在无须担心这个模型是否准确描述了湖泊分布。亿湖之国既然是想象出来的，就只当这个模型准确描述了湖泊分布吧。

以朋友圈为例。假设朋友圈中每个人平均认识 150 人。有个人认识的人超过 150 人，现在我们来猜猜这个人到底认识多少人？想知道湖对岸有多远，就像想知道一个人认识多少人一样。我们现在推断，除 150 人外，我们可以估计这个人还认识另外 150 人，共 300 人。如果我们知道有个人认识的人超过 500 人，那我们就会估计这个人起码还认识另外 500 人。

在使用无标度网络模型时，有一个参数我们没有考虑到：人际关系的比例系数可能不等于 1，湖泊宽度分布的比例系数也是如此。比例系数大小基本依赖于分布方式的不同。

再举一个例子。异性性伴侣网络的研究表明，性伴侣网络的分布系数接近 2，也许还更高一点。不过很难得到准确的数据，因为男性说他们性伴侣的平均数是 6，而女性说她们性伴侣的平均数仅

第九章　疯狂等级

为4。男女性伴侣数量应该是一样的，男性可能多报了，女性则可能少报了。我们还注意到，妓女和"性瘾者"也在被调查之列，这可能会影响调查结果的准确性。不过，影响应该不太大，因为研究表明，调查对象差别比较大的是两性真正的认知偏见。[2]

总之，研究发现，男性和女性的性伴侣比例系数都是2。因此，如果我们知道有个人至少有4个性伴侣，那估计他／她另外还有8个性伴侣。注意，这只是个预估值。说这个人另外有几个性伴侣时，4个，可能对，10个或10个以上，也可能准确，8个只是平均数。如果我们知道有个人至少有10个性伴侣，那这个人性伴侣平均而言另外还会有约20个。有意思的是，如果不算妓女和男女色情狂，性伴侣网的比例系数就会下降，约等于1。

比例系数是无标度网络的一个特征，它可以是任一正数。本书将无标度网络比例系数称为曼德勃罗系数。每个无标度网络都有一个曼德勃罗系数，这个系数决定了网络的主要特征。数学家描述网络时通常用的是指数而不是比例系数，因为指数更好运算。[3]但为了避免使用难懂的数学术语，本书将一直用比例系数一词。

不仅无标度网络可以用比例系数来描述，所有具有标度不变特征的现象都可以用比例系数描述。比如，描述亿湖之国时可以这么说：亿湖之国的曼德勃罗系数越大，离岸距离越远。

无标度收入

暂且假设收入（起码是那些真正的高收入）具有标度不变特

征。比如，我们知道某位名叫福尔图纳托的女士年收入起码有 100 万美元，但我们不确定她年收入具体是多少。如果高收入的曼德勃罗系数为 2，那么这位富有的女士另外还有 200 万美元的收入，或加起来共有 300 万美元。（注意，这些都是预估值。福尔图纳托女士可能年收入只有 100 万美元，也可能有 1 000 万美元或更多。）如果我们知道里奇先生年收入起码 1 000 万美元，那么可以估计他年收入约为 3 000 万美元，像上面那位女士一样，这位先生的年收入也会出现各种各样的可能性。

说到这里，我得向维弗雷多·帕累托道歉，我在第五章中把帕累托的公式写得有点像冒牌内行写出来的公式。实际上，曼德勃罗系数是通过帕累托收入分布公式确定的（尽管实际转换非常复杂）。我注意到，不像对数正态分布，帕累托公式跟其他数学家的数学成就没有任何有意义的联系，完全是虚拟的数学对象。如果帕累托时代已经有了无标度网络，这么评价帕累托公式就会完全不公平。但是，帕累托公式非常不适用于描述低于平均水平的工资收入分布，因此，也许我们还是应该继续坚持我们对帕累托公式的苛刻评价，尽管帕累托想不到有一天无标度网络会出现并解决了帕累托公式的不适用问题。

但是，异常高收入更服从帕累托分布，而不是对数正态分布，这一点第五章已有详细介绍。中低收入更好地服从了对数正态分布，甚至相对高的收入也非常接近对数正态分布，但是异常高收入不服从对数正态分布。这一现象表明，大多数收入是温和世界现象，高收入遵循的则是疯狂世界规则。

第九章　疯狂等级

美国经济学家爱德华·拉齐尔对这一现象做出了令人惊讶的解释。[4]他称，异常高收入因素与低收入因素完全不同。首席执行官年收入1 000万美元不是因为能给公司带来高收入。首席执行官一职工资高，是为了促进高管相互竞争（因为高管中也许有一位有一天会成为新的首席执行官），以此鼓励他们做出最大的业绩。因此，首席执行官天文数字的收入不是他靠工作挣来的，也不是因为他个人对员工有激励作用，高工资是首席执行官与其他高管竞争胜利后获得的奖励。如果给首席执行官高工资能起到激励下面的人勤奋上进的作用，那投资者让他工资这么高还是值得的，尽管他并未对提高公司利益做出多大贡献。不过，首席执行官身居高位应该还是有过人之处的，他无论如何都会服务于公司利益。

拉齐尔的观点也许是对的，首席执行官拿高工资是为了激励高层竞争，但还有一个因素决定了首席执行官拿的是天文数字的工资。上一章谈到，极端竞争容易出现疯狂世界状态。首席执行官的高工资带来高管之间的相互竞争，这种竞争会使首席执行官工资更高，竞争会因此更加激烈，更加激烈的竞争会把首席执行官工资推得更高。同时，多数工人工资遵循温和世界规则，因此呈对数正态分布状态。而高工资则遵循疯狂世界规则，具有标度不变性特征。也许2013年瑞士选民公投否决一项为高管薪酬设限的法律时就是这么想的。[5]瑞士选民肯定认为这一法律草案违反了疯狂世界规则，而且认为通过一条这样的法律，就像通过一条把水的沸点降低的法律一样。

正态分布和柯西分布之间的分布

本书一开始谈到温和世界和疯狂世界时，就指出温和世界和疯狂世界分别以正态分布和柯西分布为特征。图 5 是高斯曲线和柯西曲线对比图，从图中可以看出，高斯曲线接近 X 轴的速度比柯西曲线快，柯西曲线的尾巴比高斯曲线的尾巴宽，高斯曲线的尾巴更窄而且中间部分更尖。

为方便起见，我们重新附上图 5 的正态分布和柯西分布对比图，并将其重新标注为图 21。前文提到，温和世界和疯狂世界的主要区别表现在正态分布和柯西分布数学意义上看似微小的不同上。你可能已经想到，如果我们能从两个简单描述的数学曲线中创造出如此不同的世界，为什么不画出介于高斯曲线与柯西曲线之间的第三条曲线，创造出一个特征介于正态分布和柯西分布之间的世界呢？如果你真这么想过，那你已经具备很好的数学家思维了。实

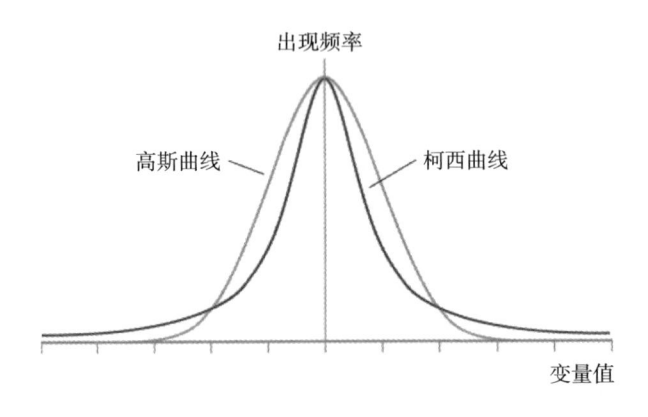

图 21（即图 5）. 正态分布与柯西分布（绘制者：约瑟夫·本茨）

第九章 疯狂等级

际上，无标度网络顶点的连接分布就是一种介于正态分布与柯西分布之间的分布。如果温和世界以正态分布为特征，疯狂世界以柯西分布为特征，那么标度不变的数学对象就是介于温和世界和疯狂世界之间的分布。

无标度网络的曼德勃罗系数越小，顶点连接分布就越靠近正态分布。换句话说，曼德勃罗系数小，对应的网络更温和。但是，无标度网络永远不可能温和到可以预测的程度，而是总处于混沌状态。一方面，温和的无标度网络描述的是相对温和的混沌；另一方面，无标度网络的曼德勃罗系数越大，顶点连接分布越接近柯西分布。这意味着，与温和的网络相比，更为疯狂的网络会有更大的枢纽。

如果我们问介于正态分布和柯西分布之间的分布有无标准差，那正态分布与柯西分布之间的转换就会变得特别有趣。前面提到过正态分布有标准差，而柯西分布没有标准差。无标度网络的曼德勃罗系数低于 1 时有标准差，系数为 1 或高于 1 时就没有标准差，这是一个数学事实。[6] 这个数学事实表明，从温和到疯狂，什么程度的无标度网络都存在，但是所有的无标度网络都是混沌的。第七章"不可预测事件的数学模型"对混沌从非常狭窄的意义上进行了定义，而且指出有些对象比我们定义的混沌还混沌。无标度网络也是如此。比如，如果顶点的连接数量由神枪手菲比决定，那么，网络就不再是无标度，也不可能是我们所定义的混沌，有可能会是更混乱的东西。我们将会看到，有些真实世界的网络并不是无标度的，而且比混沌网络更加混沌。

更温和的混沌和更疯狂的混沌

标度不变的世界本质上是混沌的,因此肯定不属于温和世界。前文已经指出,具有标度不变特征的不仅有网络,也有浮云、雪花、鼹鼠洞、蕨类植物叶子、哥特式建筑、金融市场,以及其他很多自然现象和社会现象。与温和世界相比,标度不变世界是混沌的、不可预测的,即使以温和形式出现时(曼德勃罗系数为0的情况下)也很极端。同时,标度不变现象在最疯狂的情况下(曼德勃罗系数为2或大于2的情况下),仍然是疯狂世界里非常温和的形式。具有标度不变特征的世界起码运行着某个决定性原则,也就是标度不变原则。

标度不变世界是一种温和的疯狂世界。在标度不变世界里,温和世界规则不再适用,疯狂世界的完全疯狂也在一定程度上受到一种构造原则的限制。另外,这个温和的疯狂世界包括更加温和和更加疯狂的部分,其温和部分的曼德勃罗系数小于1,而其疯狂部分的曼德勃罗系数则大于1,甚至没有标准差。如果曼德勃罗系数$\alpha < 1$,那么,随着我们对某一节点有多少连接、连接的新节点有多少、新节点的连接是多少等问题了解得越来越多后,已知连接的百分比就会不断增加,不断接近100%。α值越小,我们对网络的了解就越接近100%。

如果$\alpha=1$,已知的节点就是个常数,节点的未知连接基本会是个常数,新出现节点的数目约等于已知的节点数目。

如果$\alpha > 1$,已知节点的连接越多,未知节点的百分比就越

第九章 疯狂等级

大。已知节点的百分比会下降，接近 0。因为已知节点连接的未知节点越来越多，而新的未知节点多数我们都不了解，所以我们去探索了解的速度跟不上新节点的增长步伐。α 值越大，我们对网络的了解就越接近 0。

曼德勃罗系数是一个非常简单奇妙的数学概念，理论上，它可以准确地测量网络的疯狂度。可惜的是，曼德勃罗系数很难被计算出来。因为计算曼德勃罗系数需要大量的数据，但自然网络里，数据可能不准确，甚至自相矛盾。不过，有些研究者知难而进。最近有几篇学术论文对真实世界里无标度网络的曼德勃罗系数进行了研究（见表 1）。这些论文大都对决定曼德勃罗系数的其他网络参数进行了研究。

表 1　一些网络和现象的曼德勃罗系数的等级情况

	曼德勃罗系数 < 1	曼德勃罗系数 ≈ 1	曼德勃罗系数 > 1
网络	• 生物学意义上的食物链 • 发送电子邮件 • 公司间的伙伴关系 • 人类蛋白质相互作用 • 收到的电子邮件	• 科学合作 • 大肠杆菌代谢网络 • 酵母蛋白相互作用 • 网络呼出的电话 • 互联网链接 • 人类性关系（不包括妓女和男女色情狂） • 好莱坞演员在同一部电影中的表现 • 呼入的电话 • 市场联动	• （每种测试语言的）单词联合出现 • 论文被引用 • 微电路的内部连接 • 人类性伴侣（包括妓女和男女色情狂） • 美国电网

（续）

	曼德勃罗系数 < 1	曼德勃罗系数 ≈ 1	曼德勃罗系数 > 1
现象	• 瑞典的异常高收入 • 太阳耀斑的强度 • 战争的强度	•（美国）相同的姓氏 • 美国的异常高收入 • 网址点击率 • 恐怖袭击造成的死亡人数	• 地震强度 • 月球陨石坑直径 • 畅销书在美国的销量

资料来源：Newman (2005), p8; Csermely (2009), p27; Taleb (2010), p263. 一些数据的均方误差也来自 Newman (2005)。

表 1 第 2 列所列就是其中几个研究发现。由于无法对曼德勃罗系数真正的值进行高精度计算，所以，本书对曼德勃罗系数的预测不是什么具体的数字。相反，本书把网络分为三类：曼德勃罗系数 < 1（温和混沌）的网络、曼德勃罗系数 ≈ 1（有标准差和没标准差之间的边界上）的网络和曼德勃罗系数 > 1（理论上没有标准差）的网络。由于只是粗略估计，所以读者要对这三个网络的分类持一定的怀疑态度。不过，表 1 很好地说明了各个领域的混沌的疯狂性。

表 1 第 3 列列出了一些不是网络，但其分布基本具有标度不变特征的现象，就像本章一开始讲到的湖泊一样。这些例子说明，除了网络这样的结构和具有迷人几何属性的分形外，其他现象也表现出标度不变特征。从表 1 中可以看出，生物、社会活动、地质、科技和经济领域中有些现象非常混沌。比如，生物学意义上的食物链虽然不是温和世界现象，但是只是非常温和的混沌。人类性关系网

第九章 疯狂等级

络则是另一个极端,甚至比多数人想象的更混沌——尽管在剔除妓女和男女色情狂后,剩下的性关系网络也可以被轻易地归入第二类网络(非常混沌的网络)。

自然网络和人类网络的曼德勃罗系数经常接近1,这可能有点奇怪。注意,第五章的帕累托原理(80/20法则)适用于曼德勃罗系数=1(或稍微<1)的网络。因此,目前的研究结果进一步支持了80/20法则,而且还起到了明确80/20法则有效范围的作用。

曼德勃罗系数>1时,理论上我们有充分理由认为凡是具有标度不变特征的网络和现象,都属于第三类更极端的范畴。比如,人类智力不是被归入温和的疯狂世界现象,而是被归入真正的疯狂世界现象。获得天赋的方法多种多样,多得令人惊讶;人类的智力差异之大也令人咋舌。

电子邮件联系人也是这种疯狂世界现象。电子邮件联系人网络不是无标度网络,但更混沌。这一点非常有趣,因为表1中真正的电子邮件联系人网络是无标度网络,曼德勃罗系数不太大。那些实际上我们没有通信的联系人却不知怎么回事进入了联系人网络,造成网络更加混沌(表1中未显示这种更为疯狂的网络)。因为状态太过疯狂而未进入表1的现象有森林火灾规模和美国鸟类数量。森林火灾规模和美国鸟类数量的分布情况都比无标度状态更加疯狂。[7]

疯狂世界里的温和世界生活

疯狂世界有的领域非常温和,或者说是温和的疯狂。这些温和的疯狂领域的温和程度各不相同,可以用曼德勃罗系数表示。其中,有些领域非常温和,这些领域里的现象甚至有标准差;有些领域却非常疯狂,这些领域里的现象根本不可能有标准差。不过,温和的疯狂领域仍然有一个普遍性的指导原则,即标度不变性。

但在疯狂的疯狂领域,没有像标准差这样的基础性统计对象,领域里的现象甚至不具有标度不变特征。目前还没有任何普遍性的指导原则可以帮我们去量化这些现象,甚至近似量化的工具也没有。其中有些现象非常服从柯西分布,但柯西分布属于太过疯狂的现象,根本无法进行任何有意义的预测。

第七章提到,混沌理论为我们提供了一线希望。尽管混沌系统中的事件不可预测,但是可以计算出某个时间发生某个事件的概率。不过,异常事件发生的概率太小,预测的实际意义不大,所以,我们放弃对异常事件进行任何有意义的预测。但混沌理论很有用,可以帮助我们学会接受黑天鹅的出现,并帮助我们应对黑天鹅。毫无疑问,黑天鹅会出现。我们日常生活基本属于温和世界状态,但是,时时刻刻都警惕着黑天鹅事件的发生会让我们的日常生活变得一片狼藉。这是为什么本书不是只谈黑天鹅,而是谈论所有奇迹。人类有几千年处理小奇迹的经验,当然处理小奇迹会比处理黑天鹅更得心应手。温和世界模型和疯狂世界模型可以帮我们在一定程度上了解温和世界和疯狂世界如何运行,我们借助这些模型应对奇迹的同时,继续着每日基本无奇迹的生活(大部分时间我们生活在温和世界里),有时会走到温和世界和疯狂世界的交界处,只是偶尔才走进疯狂世界中温和的疯狂领域里。

第九章　疯狂等级

大小奇迹

黑天鹅的重要特征之一是对世界影响巨大，这是黑天鹅和其他大多数奇迹的基本区别。虽然奇迹是唯一的、不可重复的事件，但不一定会对世界造成很大影响。奇迹有大有小，甚至还有些奇迹太小没被视为奇迹。

第三章区分了四种奇迹类型。第二种奇迹类型用一些具体实例进行了说明，这种奇迹是疯狂世界的典型奇迹，被称为伪奇迹。有些伪奇迹具有标度不变特征，有些伪奇迹则服从柯西分布。第三和第四种奇迹分别为真正的奇迹和超验奇迹，疯狂世界条件对这两种奇迹没有用，但科学也无法对其进行解释——真正的奇迹超越了科学现有水平，而超验奇迹本身的定义就说明这种奇迹是不可能有科学解释的。

以上这四类奇迹可能大，也可能小，甚至可能惊天动地。摩西带领以色列人出埃及时需要分开红海这样的大奇迹，而我认识的一个人紧急时刻能在那么大的沙滩上找到丢失的车钥匙，这也是奇迹。这两件事很明显大小程度不一样，但是，我们觉得两者都是奇迹。奇迹的性质跟奇迹的大小程度无关：奇迹可大可小，甚至会因为太小而没有人注意到。

需要特别关注具有标度不变特征的世界，即疯狂世界中那些温和的疯狂领域。因为，标度不变的世界中，不足以被视为奇迹的事件（本书所称的伪奇迹），其数量级很大程度上是以曼德勃罗系数为特征的。比如，亿湖之国里，一般数量级的伪奇迹可能表现为一个 500 英里宽的湖。

每次我讲疯狂世界和奇迹的逻辑时，听众中就会有人问这样一个问题：如果现在世界越来越遵循疯狂世界规则，奇迹明显会越来越多，但是，过段时间后，这些奇迹就不会被视为奇迹了吧？我们会不会又回到没有奇迹的温和世界？问这个问题的听众发出的提问虽然符合逻辑，但是，他提这样的问题很明显没有完全理解标度不变这个概念。奇迹不会越来越多，但是奇迹范围会变得更加宽泛，我们今天视为奇迹的，明天可能就成了日常现象。对我们这些来自百万湖之国的人来说，500 英里宽的湖就是个大奇迹。但是，随着在亿湖之国探险活动的展开，我们会在那里看到越来越多的大湖，500 英里的湖根本不算大，我们就再也不会认为 500 英里宽的湖是奇迹了。不过，如果我们发现比亿湖之国更大的国家，比如十亿湖之国或万亿湖之国，我们迟早还会找到 1 000 英里宽的湖。

以脸书为例，脸书网站几年间规模增长了好几个数量级，彻底改变了脸书在人们生活中的作用。脸书的最初功能是跟远处的熟人保持联系，这个功能脸书现在还保留着。但对许多人而言，脸书已经自成一个世界，人们从脸书搜素信息，脸书也成为人们社会生活的中心。脸书主要凭借其网络具有的基本的标度不变特征实现了自己的这一转变。

网络或其他现象的曼德勃罗系数一般不变，是个常数，变的是我们实际遇到的物体的尺寸大小。不过，根据定义，标度不变性指的是这种网络的结构不管是在大尺度上还是在小尺度上都维持不变。所以，如果一个无标度网络以数量级的速度增长，奇迹出现的

第九章　疯狂等级

频率不会变高，变化的是把事件视为奇迹的尺度。

当然，这个结论只适用于伪奇迹，而且只适用于疯狂世界里那些温和领域出现的伪奇迹。在疯狂世界的真正疯狂的领域，比如柯西分布的领域里，网络和其他现象不具有标度不变特征。奇迹在那里不再是常见的，但是奇迹的质量还是会不时地发生变化，伪奇迹（那些由偏离均数的大偏差造成的奇迹类型）的出现频率不会随着时间的变化而增加。

真正的奇迹（那些现有科学还无法解释的奇迹类型）或多或少地会变得常见。随着科学的不断发展，不能被解释的现象将会越来越少。但同时，科学发展会拓宽我们的视野，我们可能会发现更多以前没有注意过的现象。一个问题被科学解决后，马上就会出现一个新问题。

根据定义，超验奇迹不在科学解释之列。即使真存在超验奇迹，温和世界和疯狂世界的区分也不会对超验奇迹产生任何影响。所以，问我们生活中疯狂世界现象越来越多会不会造成超验奇迹出现频率增加这种问题，是没有任何意义的。

创新导致失业

我们谈了这么多生活中疯狂世界现象越来越多的话题，应该问问：生活中疯狂世界现象是不是真的变得越来越多。上一章谈到疯狂世界现象的4个形成因素：马太效应、复杂性的增加、积累的增加和激烈的竞争。这几个因素都不是新名词。"马太效应"一词源于两千年前的《圣经》，其他三个因素也已经使用很久了。激烈的竞争，就像达尔文的生物进化论所说的，比人类存在的时间还长。

人类丰富的想象力起码夸大了4个因素中的两个，即复杂性的增加和积累的增加。人类想象力一直都是疯狂世界现象，即使对明显是温和世界规则适用的领域的想象也是疯狂的。根据《圣经》，玛土撒拉活了969岁；挪亚建方舟时已经600岁，那之后他又活了350年。根据我们现有的知识，《圣经》中的大洪水是疯狂世界现象，因为洪水可能具有标度不变特征，没有证据证明与挪亚方舟相关的那次大洪水在《圣经》时代真实发生过。[有种猜测是，大洪水神话指的是黑海如何形成的故事。最后的冰期结束后，海平面上升淹没地中海，海水蔓延直到分开赫勒斯滂（今天的达达尼尔海峡），并淹没后面的盆地，形成黑海。] 如果是住在一个比较高的山上，下40天和50天雨不会有影响，但是，《圣经》中的大洪水则是漫过了亚拉腊山（Mount Ararat）山顶，亚拉腊山有约4 800米高，是挪亚方舟最后到达且停泊的地方。

创新是人类想象力的果实，也一直都是人类文明经济发展的基础。创新使疯狂世界4个形成因素的效应得到提高。多数创新使世界变得更为复杂，同时还使技术和产品的种类得以增加。创新是知识积累的基础，也常常是资本积累的基础。创新在经济领域促进了竞争，这一点很明显。但相比而言，不怎么明显的是，创新也造成了马太效应。创新通常被视为正面因素，这种观点很正常，因为创新带来的新技术和新产品更为有效、便利和有用。但是，每次创新都会使有些人成为失败者——创新造成失业。创新总会让有些人失

第九章 疯狂等级

去以前曾经拥有过的优势。创新出现前,这些人胜任工作要求;创新后,同样的工作,会创新技术的人做得更好、更轻松、更高效,造成缺乏创新的人丢掉工作,饭碗被抢。这解释了创新为什么通常会带来马太效应。以前面提到的玛丽娜为例。玛丽娜想出一个创新的办法,把渔船改成游船。也许她的创新会促进周围的经济发展,会让一些人成功,比如,玛丽娜自己、导游,也许还有船长;但她的创新也会造成一些人的失业,比如,渔民会失去工作。

跟以前相比,我们现在所处的这个时代日新月异,我们自然会感觉疯狂世界对我们的想象力和生活的影响越来越大。

疯狂世界里的温和世界模型

20世界60年代曼德勃罗参加经济大会时,一直建议,经济模型应该建立在柯西分布基础上,而不是正态分布基础上,但一直没有人把他的话当真。后来标度不变世界出现后,曼德勃罗就软化了态度,不再像以前那样坚持自己的观点。从20世纪80年代起,他不再建议在柯西分布这种疯狂现象基础上建立经济模型。他应该已经接受了标度不变分布,但当时就连主流的经济学家(包括一些获得诺贝尔奖的经济学家和即将获得诺贝尔奖的经济学家)都不接受标度不变分布。直到2008年经济危机爆发后,才有人开始真正考虑用标度不变分布替代一些经济模型中的正态分布。

多数经济学家仍然回避从正态分布模型一下子转到标度不变分布模型。他们认为,标度不变分布不能保证经济的均衡性,如果标度不变分布模型成为经济通用模型，会极大地动摇人们对政治经济体系的信心。标度不变分布模型的支持者将这种担心视为知识界单纯的懦夫心理。标度不变分布模型的支持者认为，如果世界恰好是混沌运行的，那就必须用一个混沌模型。我本人也支持这种观点，但是要注意，我们用以描述世界的模型都对现实有着重要的影响，人类社会中一个机构对一种模型的接受情况会影响到这个机构的行为方式。

让经济学家对标度不变分布模型警惕的另一个原因是，这种模型会让经济危机频率变低，但会把期权价格推高到上文提到的麦农和磨坊主买不起的地步。期权价格太高，会抵消麦农和磨坊主的全部利润，甚至更多。最后，麦农和磨坊主承担的风险超过了他们的承受能力，一旦出现危机，他们就无法像专业投资者那样度过危机。上文提到，与麦农和磨坊主相比，投资者对危机的心理承受能力更强一些。下文将谈到，富人的废物堆机制如何帮助投资者度过危机。

总之，尽管温和世界模型不像疯狂世界模型那样，能很好地描述世界到底是如何运行的，但温和世界模型可能对经济实际运行更有利。我们还是会继续使用温和世界模型，就像虽然有了相对论和量子力学，我们还是继续使用经典的牛顿力学去设计汽车和家用电器，因为我们的日常生活更遵循牛顿力学。模型如果有用，人们就会一直对其加以完善。自然，温和世界的经济学模型一直都处于完善过程中。

尽管经济主要服从多数投资者使用的温和世界模型，但经济还

第九章 疯狂等级

是有些混沌。有一种观点认为：如果经济服从的模型也是混沌的，那么经济就会比现在更混沌，好的模型会造成坏的经济表现。这其实是一种悖论，从实际的角度看，更好的选择是用能确保市场达到某种均衡的模型。疯狂世界的模型告诉我们，大的经济危机会时不时地出现，出现频率会比温和世界模型预测的高。但是，比起让经济比现在更混沌，还是偶尔经历一下意料之外的突然而至的经济危机更好些。这不仅仅适用于经济，也适用于其他领域。我在前言里指出，我们能有一个某种程度上文明的社会，可能就因为我们认为自己是文明人。虽然我们是疯狂世界的物种，但是却用温和世界模型。（这只是假设，但是下文将会看到很多观点很有力地说明了这种观点的有效性。）

我的意思不是说，理论经济学家不应该用那些更为疯狂、描述世界准确度可能更高的模型，用更准确的模型描述经济是他们的职责所在。但在日常生活中，似乎更值得服从久经考验的温和世界模型——尽管偶尔会突然碰到市场崩溃——并且不断完善这些温和世界模型，降低市场崩盘的频率和灾难性后果。[8]

第十章
疯狂世界的生活

发展和危机同源。

本书后半部分也不涉及高等数学,不是高等数学迷的读者听到会很高兴吧。本书其实可以讨论很多有意思的研究结果,比如,关于混沌边界已经有很多研究成果,温和世界和疯狂世界之间的边界问题也有很多研究成果,但是这些在其他论文或书籍都有涉及。[1] 本书已经讲了足够多的数学内容,把本书要点讲得挺清楚了。

本书讲到的数学概念不会帮我们快速致富,也不会告诉我们如何支配可能到手的一大笔钱。但是,这些数学概念会帮助我们了解温和世界和疯狂世界的特性,让我们起码可以更好地应对其中的两种奇迹,即具有疯狂世界特征的伪奇迹和当今科学无法解释的那些真正的奇迹。我们对超验奇迹无法做任何准备。不过,即使超验奇迹真的发生,也不用做任何准备,因为超验奇迹的发生实在太稀奇了,甚至都不需要去做任何准备。

第十章 疯狂世界的生活

前文提到的《黑天鹅》作者塔勒布是一位严肃的投资者,他完全知道如何管理自己在 2001 年 9 月 11 日那天赚来的钱。他坚持自己的投资策略,只是现在他有了更高的赌注。他继续购买期权组合,这些期权组合会在全球经济崩溃时让他大赚一笔,2008 年经济危机前他几乎天天亏钱,2008 年的危机让他变得比之前更富有了。

别学塔勒布……

如果每个投资者,或起码很多投资者,都采用塔勒布的投资战略,会发生什么呢?答案会跟多数人想象的有所不同。答案不是全球经济完全崩盘、期权价格会飙升,飙升到这种投机不再值得或不再可行的地步。这是温和世界的逻辑,但我们现在是在疯狂世界里。

的确,一旦经济真的崩溃,期权价格就会给投资人带来巨大收益。但是既然经济的一个重要部分是在疯狂世界的一些领域里运行,那里大收益和大亏损的标准差会无限大,不管价格有多高。一旦发生大的疯狂世界危机,持有这种期权都会非常划算。有了标准差,我们才能确定罕见事件的概率。一个东西如果标准差无限大,就无法有一个最高价,起码我们现有的数字概念还无法对其定价。这样一来,塔勒布购买的期权总是被估价过低。不过,我们不会向多数投资者推荐这种投资策略,因为这种投资策略只适用于像塔勒布这种愿意而且也有能力承受长年亏钱的投资者。

我不推荐这种投资策略的原因之一,是投资者很难有塔勒布那样的心理承受力。马尔科姆·格拉德威尔在其《小狗看世界》（What the Dog Saw）一书中指出，即使像塔勒布这种心理承受能力很强的人，也经常需要同行在他多年一再亏钱的时候（有时是巨亏）拉他一把。多数投资者不像塔勒布那样有过改变命运的经历：繁荣了几个世纪并被视为中东瑞士的黎巴嫩，一夜之间突然崩溃，塔勒布一家沦为难民。也许，经受这种打击后塔勒布心理承受能力突然变强，才能够采用他的那种投资策略。因为塔勒布知道，即使这种投资策略可能会让他亏得一无所有，他也不会跌到人生的最低谷。

我不推荐塔勒布投资策略的第二个原因是，很多效仿塔勒布这种投资策略的人会在下一个大的经济危机到来之前就已经慢慢"流血至死"。第一章引用过塔勒布的话：如果很长时间一直没有发生市场崩溃情况，他不会破产，但会慢慢流血至死。效仿塔勒布投资策略的人越多，经济崩盘程度就越严重，只有这样，这些人的收益才能对冲掉他们等候经济崩盘时所遭受的所有亏损。根据我们对疯狂世界的了解可以确定，大的经济危机早晚会出现，但是那时候我们还活着吗？我们会不会因为一直等着永远等不到的巨大收益而早已赤贫了？

英国著名经济学家约翰·梅纳德·凯恩斯不怎么看好长期投资策略。他认为，长期来看，不可量化的经济不确定性与政治不确定性所带来的风险会远远大于那些可量化的风险。不过，凯恩斯本人投资很成功，个人资产雄厚。另外，25年中凯恩斯管理的英国剑桥大学国王学院基金会的投资回报比同期英国股票市场的回报高出很

第十章 疯狂世界的生活

多。凯恩斯认为,关注短期问题很重要,不要只说事情长期来看会转好。凯恩斯的一句名言是:"长期看的话,我们都死了。"[2] 一定要先考虑一下凯恩斯的这个结论,再决定是否使用塔勒布的投资策略。尽管疯狂世界里经济崩溃总被低估,但越多人用塔勒布的投资策略(或类似策略)投资,风险就会越高,因为支持这种投资策略的期权的价格就会上涨,让塔勒布赚了大钱的中小型危机根本无法挽回塔勒布的效仿者们每天遭受的巨大亏损。

减少慢慢流血至死这个风险的一个办法是,一段时间后开始降低投资的风险级别。当然,这么做会同时降低真正大危机到来时的未来收益,但会延缓破产时间,因为市场并没有崩盘。但是,这种策略也有弱点:尽管亏损是在完全可控制范围内,一定程度减轻了压力,但是,比起承受持续亏损,流血至死的速度变慢后,投资者的心理承受能力需要变得更强。

我不推荐塔勒布投资策略的第三个理由最重要。这跟个人的经济实力和心理健康无关,而是跟整个社会的经济福利与凝聚力有关。

塔勒布对建设欣欣向荣的社会不感兴趣,他感兴趣的是危机到来时大赚一笔,他唯一担心的是经济崩盘前他就亏得没钱了。他在等待时机,希望经济情况恶化速度更快些。同时,他对社会中有用的废物堆没有任何贡献,社会中有用的废物堆是由那些努力让世界变得更完美的思想、见识和发现构成的。社会的废物堆由于已经过时,所以被我们束之高阁。相比之下,塔勒布的投资策略不仅没有建构什么东西,甚至还使经济危机成为"自证预言"。这解释了为什么各国政府一而再，再而三地反复提出要禁止或严格管理塔勒布这种投资策略。

几千年的历史表明，经济危机不可避免，大小危机都有可能出现。我们谈疯狂世界时就非常确定地知道，未来会时不时地出现危机。随着标度不变事件发生的规模越来越大，危机产生的结果只会越来越严重。不过，人类已经发现了一种机制，经济能通过这种机制从最具破坏性的危机中恢复。前文讨论富人的废物堆比穷人的所有财产还值钱这一原则时，就曾经提到过这种机制。下文将讨论这种原则产生了什么样的再生机制。我们现在的关注点是，如果大多数投资者采用的都是塔勒布的投资策略，那么，这个建立在富人废物堆基础之上、几千年来经济赖以复苏的历史悠久的自然机制就会停止运行。如果用一个运行更好的机制来替代塔勒布投资策略的话，这就不会成为问题了，但好的机制还没发挥作用。

把疯狂世界现象纳入考量

我们大部分时间生活在温和世界里，尽管现在大家都认为疯狂世界现象对我们生活的影响越来越大，但我还是不赞同塔勒布的观点。我认为不应该全面否定温和世界模型，用疯狂世界模型取而代之。过几年，有可能出现大的疯狂世界事件，但我们仍然生活在温和世界里。使用疯狂世界模型会让我们的日常生活麻烦不断，除非我们有塔勒布那样的生活态度，并且像他那样突然经历天堂到地狱的巨变。

第十章 疯狂世界的生活

不过，展望未来时，我们必须要承认，疯狂世界现象不可避免。出现疯狂世界事件时，我们就必须使用那些对疯狂世界特别有效的概念。不过在使用这些概念时，要想办法尽可能地做到不让它们打乱我们温和世界的日常生活。

从表面看，这一点好像不太可能做到，因为疯狂世界与温和世界完全不同。基于温和世界模型和已知疯狂世界模型的几个世纪以来的研究，我们发现，疯狂世界与温和世界主要有如下区别：3

- 温和世界不要期望有大惊奇，因为在温和世界里，黑天鹅非常罕见。而疯狂世界就不一样了，疯狂世界随时都会有大惊奇，因为疯狂世界规则下大惊奇不可避免。尽管这些大惊奇大多只是灰天鹅，但改变不了疯狂世界大惊奇随处可见这一事实。另外，灰天鹅的具体特征及其具体出现时间都是不可预测的。
- 温和世界通常建议中等风险投资，避免太小和太大的风险投资。因为风险太小的投资几乎没什么收益，风险过大的投资一般会亏损过大。但是，塔勒布的案例却从数学上证明，在疯狂世界里，很多非常小的风险投资和少数非常大的风险投资还是值得去做的，但不要去做中等风险投资。
- 温和世界里，历史向前的脚步很慢，革命性变化极为罕见。而在疯狂世界里，历史飞跃向前，我们一生中应该会遇到几次革命性变化。
- 温和世界里长期且最有效的做法是循规蹈矩，即遵守规则。

天赋异禀的人也循规蹈矩，不过，他们偶尔的发现一定程度上会改变现有规则的有效范围。现有规则很少会补充进什么新内容，新内容是涉及"温和世界极端现象"的新规则，但基本上还是温和世界规则。相比较之下，在疯狂世界里，有效的做法通常是不循规蹈矩，即适当违反温和世界规则。[4]

同时生活在两种世界里

经济心理学课上，总有学生问我，怎么才能知道我们什么时候从温和世界进入了疯狂世界？我一般会给出一个纯粹技术性的答案：研究现象如果服从柯西分布，不是服从正态分布，那就可以确定这个研究对象是疯狂世界现象。有时，在保证技术上准确的同时，我会尽量把答案说得更有诗意些：如果不按规矩出牌好像更有前途，那时候你就明白自己是在疯狂世界里了。听完我的回答，学生似乎并不满意。学生对我的回答不满意，一开始我还以为是因为学生没有抓住要点，过了很长一段时间后，我才意识到，学生对我的回答不满意不是学生的问题。学生提的问题完全合理，是我回应学生的方式有问题，所以学生才不满意。我应该向学生指出他们问的这个问题本身有问题才对。

我们永远都没有办法知道什么时候离开温和世界进入疯狂世界，因为我们根本就不是有时候生活在温和世界里、有时候生活在疯狂世界里，相反，我们总是同时生活在温和世界和疯狂世界里。我们生活的世界中，有些现象服从温和世界规则，有些则服从疯狂

第十章 疯狂世界的生活

世界规则。实际上，正如上文所说，疯狂世界里不仅有更为疯狂的现象，也有标度不变现象这种只是温和的疯狂世界现象（各种各样的灰天鹅）。也就是说，疯狂世界里不止存在一种规则。

如果认为一切自然规则都是由温和世界规则构成的，那就必须将违反温和规则的现象都视为奇迹。这样一来，所有的股票市场走势图都是奇迹（因为所有标度不变现象都不服从温和世界规则），每个人的大脑也都是奇迹（因为大脑具有分形特征），奇迹成了常见的现象。如果科学对此做出的唯一反应是绝望地举手投降，表示奇迹不在自己研究的范围内，那也就太无能了。事实上，科学拓宽了研究视野，将疯狂世界规则也包含在了自己的研究范围内。

温和世界科学不断扩大自己的解读范围，可以从温和世界角度为本质属于疯狂世界的现象提供更为适用的模型。比如，可以加宽正态分布曲线的尾巴，用另外一个准确调整过几个标准差的独立的正态分布曲线来描述真正的极端事件特征。[5] 这样一来，可以用正态分布来呈现偏离平均值 5 个或 6 个标准差而不止 3 个或 4 个标准差的现象，依据分类被视为真正奇迹的几个现象因此就会服从正态分布。

不过，如果研究的现象真的服从柯西分布，那就说明，有的事件可能会比温和世界中被视为奇迹的事件还要神奇十倍或百万倍。神枪手菲比的经历说明了这一点。菲比站着不动时，会偶尔与墙面几乎平行，这时她射出的弹孔会远得离奇。某一经济现象非常服从柯西分布，如果非得强求用温和世界模型解释这一经济现象，这一经济现象具有的关键特征（没有标准差）就无法被显示出来。最后的结果是，由于这个经济现象依据的是温和世界模型，不能定价的东西被定了价，连塔勒布和曼德勃罗都会认为这很愚蠢。塔勒布和曼德勃罗这么想是有道理的，因为疯狂世界科学已经表明，有些现象是依据疯狂世界规则运行的。同时我们还注意到，不给无法定价的东西定价这种做法不可取，因为如果不定价，麦农就无法有效经营农场，磨坊主也就无法有效经营磨坊。

我们应该像塔勒布那样，关注危机突发的概率问题，同时找到应对突发危机的办法。在温和世界的生活模式下如何才能应对好疯狂世界极端事件的来临，这方面的知识我们知道得越来越多。因此，知道生活中肯定会偶发灾难性事件后，我们在日常生活中应该大刀阔斧地继续完善和应用温和世界方法。这么做肯定比完全放弃温和世界生活、受疯狂世界极端事件摆布要高明很多。疯狂世界科学也很有用处。疯狂世界科学帮我们意识到，温和世界科学不可避免地具有局限性，而且我们会时不时地遇到温和世界科学不适用的情况。

依据阿罗-德布鲁定理，温和世界的经济要达到均衡必须要满足某些限制条件。但是，极端事件会打破这些条件的限制。比如，经济均衡的限制条件之一是没有垄断，但是，即使在温和世界，也经常出现垄断情况，因为温和世界也存在马太效应。温和世界出现垄断的原因跟天才诞生的原因是一样的：垄断没有标准差，就像一个爱因斯坦没有标准差一样。

如果我们想要的是经济均衡，那就应该努力使用不会出现垄断的经济管理方式，同时还应该执行好阿罗-德布鲁定理的其他限制

第十章 疯狂世界的生活

条件。但是，依据疯狂世界科学，即使我们严格按照上述要求做了，垄断还是会时不时地出现。我们一定要学会跟这些影响经济均衡的风险因素共处。第三章"奇迹之源：哥德尔思想"谈到过，传统的（温和世界的）法律体系必然存在漏洞。我们管理世界时努力让世界按照温和世界规则运行，但不管我们怎么努力，疯狂世界现象还是会持续不断地发生。我们能做的只是在温和世界中继续日常生活，同时希望能够从下一个不可避免的危机中恢复。

要避开未来的灾难，我们也许还有另外一个机会。说不定有一天会出现一种既包含温和世界规则也包括疯狂世界规则的理论，尽管这种理论看起来自相矛盾。历史上，物理学领域曾经发生过这种事：牛顿成功地将地球力学与天体力学统一在一个基本的力学体系中，创立了经典力学理论。不过，现代物理学中最重要的问题也许是，引力学理论与量子力学理论相互独立、互不相容。每个理论都有自己的有效范围；有效范围之外，理论是不适用的。物理学家仍然在寻找一个能包含两种理论，但又不自相矛盾的大统一理论。[6] 迄今为止，这种大统一理论还是镜中花、水中月，尽管多数物理学家认为迟早会发现这种大统一理论。第四种自然作用力（万有引力）自行消失的情况下，三种不同的相互作用力（电磁力、强作用力和弱作用力）被很好地包括在一个完善统一的理论中，怎么可能出现这种情况？

实际上，如果这种情况只是个哥德尔式的问题，即引力学理论和量子力学理论恰好互相独立，物理学家应该会很高兴。假设引力实际上独立于其他三种相互作用力形成的系统，应该没什么没问题。但是，如果引力果真独立于其他三种相互作用力，就永远不会有什么大统一理论了。我认为温和世界和疯狂世界的情况有可能也是如此。也就是说，温和世界规则和疯狂世界规则有可能是相互独立的，可能没有办法发现一种既包含温和世界规则也包括疯狂世界规则的理论。

温和世界里会一直不断地发生疯狂世界现象，因为像创新这样的事件总是依据疯狂世界规则运行。描述创新类事件的数学和逻辑不同于描述温和世界现象的数学和逻辑。不过，就像不是天才的老师可以让不是天才的学生弄懂天才的思想一样，疯狂世界的逻辑像温和世界的逻辑一样可以在温和世界的学校里用温和世界的框架进行教授与学习，这就降低了掌握疯狂世界逻辑的难度。

双向思维的性质

大多数人喜欢依据温和世界规则生活，只在必要时才去应对疯狂世界。但是，我们中的大多数人在生活中都曾经遭遇过疯狂世界事件。比如，我们可能因为某种重要的创新失去工作，断了生活来源。这种情况下，我们只需再找一份工作支持生活就行。虽然不知道什么时候真的会发生这种疯狂世界事件，但我们还是可以为此做好准备。想预测出这种疯狂世界事件什么时候发生，在数学上是不可能的。我们必须学会同时从温和世界和疯狂世界两个角度思考问题。这意味着，我们必须在某种程度上熟悉两个世界的规则，这样我们才可以在过着熟悉的温和世界生活时，随时准备好应对疯狂世

第十章 疯狂世界的生活

界事件。

这种"双向思维"跟乔治·奥威尔小说《1984》(*Nineteen Eighty-Four*)中提到的"双重思想"意思大致一样，都是指"能在大脑中同时拥有并接受两种完全相反的想法"，但其实两者并不完全一样。[7]双向思维和双重思想有一个重要的区别。奥威尔小说中，双重思想明确服务于党派的当前利益，而且要无条件地相信党派的利益："知道的同时也不知道，知道全部真相的同时也撒着精心编造的谎，坚持两种观点的同时也否定两种观点，知道两种观点自相矛盾但又坚持这两种观点，用逻辑反对逻辑。"[8]

相比较之下，从温和世界和疯狂世界两个角度出发的双向思维不服务于任何政治目的，双向思维只是让我们能更好地理解周围的世界。温和世界和疯狂世界不是相互对立的关系，而是共存关系。奥威尔指出："要理解双重思想这个词，需要用双重思想。"[9]这么说并不奇怪。要用两种思维方式，只要理解哥德尔思想的基本知识就足够。如果有人指责我们自相矛盾，我们要么同意拉尔夫·瓦尔多·爱默生的观点，说"墨守成规的做法是愚蠢的"，要么像沃尔特·惠特曼一样，说："我自我矛盾吗？很好，那就自我矛盾吧（我很大，我包罗万象）。"

世界也会自我矛盾。每个模型都有其有限范围，超出有效范围的现象需要用另一个模型来解读。记住这一点后，思维就会变得成熟：我们可以无拘无束地过着温和世界的生活，但同时明白，生活中有时会出现小危机、大危机，甚至巨大危机。

生活中总有奇迹出现，有的奇迹是伪奇迹，有的则是真奇迹，有的奇迹是正面的，有的则是负面的。发展与危机同源。我们要利用好发展的时机，做好准备，应对危机以及从危机的毁灭性影响中恢复。有机会时要积累财富，未雨绸缪，随时准备好应对下一次危机。这并不是说，要靠积累的财富度过危机，因为总有危机会大到足以让我们破产。我们需要的是一个足够值钱的废物堆。靠着这个值钱的废物堆，危机后我们可以恢复经济。

富人的废物堆是一个构造机制

约翰·梅纳德·凯恩斯的名言"长期看的话，我们都死了"，下文是："经济学家给自己的任务太过容易，太过无用。如果是暴风雨季节，他们只会告诉我们说，暴风雨过去很久以后，海洋将再次平静下来。"[10] 凯恩斯关注的是如何在惊涛骇浪中航行。我们的主题是在海洋平静时就为惊涛骇浪的到来做好准备。大的暴风雨迟早要来，暴风雨过去后，海洋再次恢复平静，但船却没了，我们要为这个时刻做好准备。要让废物堆变得足够值钱，这样，暴风雨过去后，我们还拥有有价值的东西。

经济复苏的主要机制是一个废物堆，这似乎有点难以置信。毕竟，我们把东西扔进废物堆就是因为觉得这个东西没用了。一切都顺利时，废物堆确实没用；但是，当事情开始不顺后，废物堆就会重新恢复价值。这种现象在自然界很常见。比如，人体血管中有一种类似细胞垃圾的东西，这些从细胞质脱落下来的细胞碎片被称为血小板。只要身体健康，血小板好像没有什么用；但是，一旦血管

第十章 疯狂世界的生活

有损失，血小板会发挥凝血功能，马上封闭血管损伤处。

塔勒布表达的主要信息似乎是，我们要避免暴风雨造成的毁灭性损失。但是，危机是不可避免的。危机一旦来临，通常就会给许多人带来灾难。塔勒布提出的方法在社会层面上没有什么用，在道德层面上非常令人质疑。我觉得哥伦布和麦哲伦会非常鄙视说下面这些话的人："不出海，太危险了。就待在家里，赌那些傻子会不会傻到去狂风巨浪中冒险出海。"

所以，关键不是在危机来临时努力避开损失，而是在风平浪静时正确利用好正面奇迹，利用好发展的时机。第九章"疯狂等级"中谈到，有些人可以说因为创新才丢了饭碗。创新前，这些人胜任工作要求，但创新后，掌握新技术的人代替了他们，他们因此丢了工作，承受了一定的损失。以前有用的方法、产品和技术，创新后成为无用之物，被丢进了历史的废物堆里。但危机之后，这些方法和技术可能被证明仍然有用，甚至的确可以救命。我们要利用好发展的机会，建设我们的废物堆，使其价值高得足以帮我们从危机中恢复，可以重新发展。这个废物堆的价值越高，危机后恢复的机会就越大。

我们不知道未来会如何，
但是，未来掌握在我们手中。

第四部分
为不可预测事件做好准备

第十一章
适应疯狂世界

艺术和时尚会回到过去寻找新思路,一些长期不用的做事方式能帮助我们解决很多社会危机。

本书介绍标度不变性时提到,最近疯狂世界现象不断增加,可能由4个原因造成:复杂性的增加、激烈的竞争(比如达尔文的进化论)、马太效应和积累的增加(知识和资本的积累)。如果我们要找一个能帮我们在疯狂世界生存的原则,应该首先考虑这4个因素,思考一下如何才能改善这4个因素的效应,甚至考虑一下如何让它们变得对我们有利。

智力简单化

复杂性的增加会导致疯狂世界的出现。因此,在为疯狂世界环境做准备时,我们应该意识到简单的价值——起码是智力上的简

第十一章 适应疯狂世界

单——将会增加。由于疯狂世界的规则是想象力，人们一直以来都知道想象力有多么重要，并常常将它应用于艺术的各个领域。以我特别喜欢的布达佩斯的 0 公里标志石雕（见图 22）为例。0 公里石雕是布达佩斯的 0 里程石，从这里计算到布达佩斯主要道路的距离。石雕的雕刻者为米克洛什·博萨斯。0 公里石雕从 1975 年开始一直立在塞切尼链桥的布达山下的广场上。以前这里也有过其他雕塑，但都比 0 公里石雕复杂。古罗马广场上罗马帝国时期计算道路距离的金色里程碑也比 0 里程石复杂（也许因为当时的古罗马人没有数字 0 这一简单概念）。米克洛什·博萨斯把 0 这一抽象概念雕刻成简单而漂亮的 0 形。大多数男性将其视为女性标志，但多数女性将其视为男性标志。男女对 0 形石雕的不同解读，意味着 0 形石雕除了是计算距离的里程石外，还有其他丰富的含义。

图 22. 布达佩斯的 0 公里标志石雕（摄影者：维拉·梅洛）

把里程石做成 0 形这个点子既简单又聪明，人做事时可以像设计 0 形石雕这样，做到既简单又睿智。我以前有个女学生完成极具挑战性但很单调的学习任务时表现非常出色。这个学习任务是，把句子分成两个对立的类别，比如，按照好与坏、严格与宽松、节约与挥霍等分类来做句子选择。这个任务很单调，做起来比较简单，但要有一定的智力才能选得准确。有些学生最后放弃做题；有些学生做了一段时间后，越做越慢，但结果发现慢下来后还是做不好。做得慢还是做不好的主要原因是想得太多。成功做题的办法是根据直觉，不要想太多。只有上面说的那个女学生轻松快速地把题做完了，后来的分析发现，她的做题方法既聪明又有逻辑性。

作为小小的奖励，我决定出钱让她参加门萨俱乐部资格测试。门萨俱乐部资格测试是一种高智商测试，把 2% 的聪明人同 98% 的一般人区分开来。我认为这个女学生需要对自己的智商有自信，参加这个测试会证明她的确很聪明。但她不愿意去，说这个测试只是给聪明人设计的，不是给像她这样的人设计的。我对她说"试一试"，然后给她下载了一套门萨俱乐部资格测试模拟题。她做完后，差一分达到合格分。她指着分数对我说："你看，我说过我不是什么聪明人。"我差点发脾气：她只做了一套模拟题，一分之差竟然就打算放弃参加考试。我认为她再做一次肯定合格。

于是我给她下载了一套难度更大一点的题。规定时间内，她一题不错地做完了，比我做得还好。我问她："最后一道几何图形题，你是怎么做出来的？"她回答道："你没看出来吗？右边点一下，

第十一章　适应疯狂世界

左边点一下，然后就好了。"她一边说一边用手比画。我听明白了。解题方法是，先取对称差，即取图形两个边的对称差，从中间垂直分开，然后把所有列上移，移动次数对应列数。这种解题方法的可行性分析一点也不简单。

我觉得这个年轻的女学生智力水平超高（她完美地答完了门萨俱乐部资格测试模拟题）。她答对题的同时，解题方法却非常简单，从来都不会被复杂概念束缚住自己的思路。不管疯狂世界现象有没有发生或严重与否，她都可以为自己找到出路，因为她可以应用塔勒布建议的疯狂世界策略："在合适的地方做个傻子。"[1]

某种意义上讲，魔方也应用了塔勒布建议的策略。魔方力学的奇妙之处在于，不管怎么拧，魔方表面颜色变化时，内部结构却完全不变。厄尔诺·鲁比克一开始用木块和橡皮筋的复杂排列制成魔方，但是一转动，橡皮筋就会纠缠在一起。一段时间后，即使是最强的玩家也拧不动魔方。鲁比克后来找到了解决办法，虽然远没有彻底解决问题，但已经可以非常简单地拧魔方了。魔方力学结构的神奇之处在于，魔方基本可以不费脑子地简单转动。

魔方是疯狂世界中温和的疯狂现象，反映了一个简单概念，即有些东西小尺寸跟大尺寸应该有同样的结构。不过，我们看到，具有自相似特征的分形非常复杂，甚至可能会无限复杂。目前，标度不变性仅仅被成功应用于类似计算机绘图这种应用性艺术上，如何在广泛的科技或工业领域应用标度不变性原则，至今还未找到出路。

比较优势

疯狂世界里另一个重要的现象是激烈的竞争。比如达尔文进化论，不仅自然界遵循，经济界也遵循。进化论的自然选择规则（已经提出近 200 年）既适用于温和世界又适用于疯狂世界，尤其适用于疯狂世界。

人们经常误解达尔文的自然选择理论，认为"适者生存"指强者生存，弱肉强食。但是，这种理解根本没抓住要点。自然选择可能看起来残酷无情，正如英国诗人阿尔弗雷德·丁尼生的诗中所言，"大自然的牙齿和爪子都沾满了鲜血"，但在自然选择中，战斗中败下阵来的生物是可以生存下来的。

为简单起见，我举例说明。假设一群鱼中有一些鱼长得小，抢食时抢不过大鱼。小鱼状况很不好，活不久，而且交配少。但是，假设这些小鱼中有一部分被冲进回水湾里，那里食物少而且难找，不过不用再跟大鱼抢食吃。大鱼都喜欢游到波涛汹涌的大海中，因为大海里食物丰富。被冲到回水湾里的小鱼虽然各个方面都比不上大鱼，但可能在回水湾里生存了下来。这些小鱼经过达尔文所说的物竞天择后，在回水湾找到了自己的栖身之所。经过一段时间，这些小鱼变得跟游向大海的那些鱼不同，可能发展成一个新的种类。新种类的鱼在视力、平衡性或灵活度等方面发展出的一些特征比其他鱼更有优势。

大卫·李嘉图于 1817 年发现，经济学领域存在类似原则。他发现这个原则的时间比达尔文《物种起源》的出版早了约 40 年。李

第十一章 适应疯狂世界

嘉图是位英国经济学家，研究国际贸易。他发现，两国如果发现某个商品交易双方都受益，就会签约，进行合理化分工，即使其中一个国家生产该产品时比另一个国家更高效。[2]

比如，X 国和 Y 国，我们暂且将其称为存在斯坦（Existan）和魏因斯坦（Wyistan），它们是食品与衣服的生产国与贸易伙伴，国内消费量与交易的生产量或购买量相等。依据衣服生产优势（或食品生产优势），存在斯坦每日的衣服产量是魏因斯坦的 3 倍（或每日的食品产量是魏因斯坦的 2 倍）。如果魏因斯坦生产的食品自供外有盈余，那它这么做会更好些：生产足够自己国家食用的食品后，不去生产衣服，而是继续生产食品。存在斯坦会用衣服购买魏因斯坦多余的食品，这些衣服如果魏因斯坦用生产食品的时间去生产，是生产不出这么多的。按照衣服与食品的交换比例，用一定量的衣服交换更多的食品，这对存在斯坦也是好事。

尽管存在斯坦不管生产食品还是衣服都比魏因斯坦高效，但与魏因斯坦相比，存在斯坦生产食品还是有劣势。李嘉图发现的就是这一点。为了更好地理解这一点，可以想象一下每生产一个单位的食品，这两个国家都不得不少生产多少衣服。每生产一个单位的食品，存在斯坦就会少生产一个半单位的衣服，而魏因斯坦只少生产一个单位的衣服。用李嘉图的话说，魏因斯坦生产食品有比较优势，尽管比存在斯坦每日的食品绝对产量小。李嘉图发现，这一原则普遍适用于国际贸易。

比较优势逻辑跟达尔文进化论的逻辑是一样的。魏因斯坦和小鱼有比较优势，不是因为魏因斯坦生产食品更有优势，也不是因为

199

小鱼在回水湾里找食物更容易，而是因为魏因斯坦生产其他产品表现更差，小鱼在其他地方找食物更难。在回水湾里找食物，对大鱼来说是牺牲，对小鱼来说不是牺牲。对比那些跟大鱼争夺食物的小鱼，这些在回水湾里的小鱼生活状态更好。如果魏因斯坦生产食品不生产衣服，损失程度不大；但如果存在斯坦生产食品不生产衣服，损失就大了。颇为矛盾的是，正是两国存在的不足才使两国的合作得以存在，前提是它们都能找到自己比竞争者来说相对更有优势的一面。

达尔文的物竞天择与经济竞争都不是要么全赢要么全输的二选一。物竞天择和经济竞争虽然有其残酷的一面，但物竞天择促进了某些生命的形成与存在，经济竞争也促进了一些经济形式的形成和存在。一个物种（或一种经济形式）即使各方面都处于弱势，只要能找到一个比较优势，这个物种（或这种经济形式）就有机会生存（或存在）。

比较优势是国际贸易的一个基本原则，一直都是商学院的教学内容。但是，比较优势这一原则远比这里描述得更具普遍性，甚至适用于个人。我在《货币生物学》(*The Biology of Money*)一书中，以律师为例对比较优势这一概念进行了说明。比如，一位名叫雷明顿·安德伍德的律师，爱好是打字，曾经在国际快速打字比赛总决赛上获得过铜牌。那么，安德伍德先生会在律所里自己把法律简报打出来吗？大概不会。假设安德伍德先生律师费是每小时200美元，打字速度是律所里打字员的两倍，打字员每小时挣35美元。打字员需要2小时才能打出来的法律简报，安德伍德律师1小时就

第十一章　适应疯狂世界

可以打完，可以给律所节省 70 美元。但是，如果安德伍德律师那一个小时不处理律师业务而是去打字，会让律所损失 200 美元。这样一来，律所老板自然会让安德伍德律师把打字作为业余爱好，除非安德伍德自己不想做律师，把自己的工资下调，改行做打字员。自然，雷明顿·安德伍德在律所上班期间不会去打字，而是专注于他的律师业务。即使他是世界上最好的打字员之一，只是表现一般的律师，在律所上班期间，他也只会专注于律师业务，而不会去打字。

安德伍德先生从事律师职业还有另外一个比较好的优势。作为还算不错的律师，即律所里第 100 名最好的律师，他不会觉得跟同事有什么激烈竞争。他跟同事之间的竞争起码不会像他参加国际快速打字比赛总决赛时那样。所以，他从事律师业务时不用太拼命，这样他就有充足的业余时间干他喜欢的打字工作了。如果律所另外雇用了 3 名年轻优秀的律师，安德伍德在律所的位置就成了第 103 名。不过，是公司的第 100 名还是第 103 名，对安德伍德来说都无所谓。但是，如果这 3 名年轻人进入的是打字比赛总决赛获奖名单，安德伍德先生就会从第 3 名降到第 6 名。这个改变对他的影响就大了，这会让他一下子失去打字的兴趣。

这不是说，安德伍德先生作为律师可以松懈。如果工作能力下降，作为律师，他不再值每小时 200 美元，律所老板对安德伍德先生是不是自己把法律简报敲出来就不会很在意；他的律师费降至每小时 70 美元时，律所可能就会让他给别的律师把法律简报打出来。这时候，他快速打字的绝对优势最后成为一种比较优势。

我们不一定非得是第一名，一群人中第一名只有一个。某方面第一名的人，可能最后并没有在这方面发展，而是在自己有比较优势的其他方面发展。重要的是，知道自己相比于其他人有什么比较优势，然后找到一个领域发挥这个比较优势。对于那些样样都在行的人而言，总是很难做出最佳选择。但是找到一个自己满意的领域非常重要，在自己满意的领域工作，幸福感可以更强，竞争压力也小。如果我们能找到一个可以把自己的比较优势最大化的领域，工作时就不用太拼命，而且有了更多时间和精力去干自己真正感兴趣的事。

多年教学经验告诉我，学生理解比较优势这个概念还是有困难的，所以，在此我要再强调一次比较优势到底是什么。比较优势一般不是看我们擅长什么，而是看别人擅长什么，更要看最受欢迎的领域中大家的弱势是什么。如果我们在其他领域都比其他人差很多，有个领域只比其他人弱一点，那么这个领域就是我们的比较优势，比如魏因斯坦食品生产方面的比较优势。

听起来这好像自相矛盾，但是，与那些有很多优势的人相比，比较弱势的人找到自己的比较优势要更容易一些。找到比较优势后，这些人就有了生存甚至成功的一个最佳机会。那些很多方面都有优势的人，常常选择在最流行的领域里工作，会跟更强的人竞争。他们失败时甚至都不明白为什么那些各方面比自己差很多的人会成功。如果学会从比较优势角度思考问题，处于疯狂世界时，即出现巨变时，就更有可能找到生存下来的方式。

第十一章 适应疯狂世界

马太效应

疯狂世界的第三个形成因素是马太效应。前文提到,有些情况下,会自然而然地出现富者更富、贫者更贫现象,可能会导致疯狂世界出现,但马太效应远比那些数学上服从巴拉巴西-艾伯特定律的现象更加普遍。不完全符合巴拉巴西-艾伯特定律限制条件的一些场合会出现马太效应。另外,一些不起眼的小因素也会导致马太效应出现。

马尔科姆·格拉德威尔的《异类》(*Outliers*)[①] 一书讲述了冰球运动员身上出现的类似现象。书中列出了加拿大职业联赛冰球运动员的生日。格拉德威尔关注的不是运动员的出生年份,而是他们的出生月份。他发现运动员的出生月份有点奇怪。出生在 1、2、3 月的运动员占 40%,出生在 4、5、6 月的占 30%,出生在 7、8、9 月的占 20%,出生在 10、11、12 月的仅占 10%,而且这 10% 中只有几个是出生在 12 月。[3]

这个现象非常引人注目。大部分运动员出生在一年中的第一个季度,不是因为占星术让水瓶座或双鱼座的人冰球天赋高,而是因为很多加拿大儿童很小的时候就进入冰球世界了,学习冰球时几乎还不会走路。同一年出生的孩子会互相比赛,根据比赛表现,最有天赋的被选去接受进一步的训练。这么小的年纪时,几个月就是很大的差别了,年初出生的孩子比年末出生的孩子有优势。于是马太

[①] 本书简体中文版已于 2014 年由中信出版社出版。——编者注

效应出现了：月份大一点的孩子的早期优势让他们有更多机会进入专业联赛；月份小的孩子一开始就比月份大的孩子有劣势，后来进入专业联赛的机会也少；12月出生的不管是早期还是后期，总是被落在后面。每个年龄段大月份的孩子发育得都比同龄人更好，被视为更有天赋，练球时间更长，接受训练时间更长，得到的鼓励也更多，技术也因此得到提高。得到更多关注、有更多练球时间就是优势。凡有的，还要加给他，叫他有余；凡没有的，连他所有的也要夺去。

有人在了解到加拿大冰球运动员大多出生在第一季度后，出于好奇，查了一下捷克国家足球队队员的出生月份（捷克国家足球队队员的选拔制度跟加拿大冰球队相似），结果发现捷克国家足球队队员也是大多数出生在第一季度。后来，有人去查了一下美国职业棒球大联盟，却发现第三季度出生的运动员出乎意料得多。棒球运动员大都出生在7月，而不是1月，这很让人惊讶。

当然，出生在1月，就凭这一点不足以确保一个人成为成功的冰球运动员。要成为成功的冰球运动员，还需有打冰球的天赋以及无畏的进取精神。但是，由于运动员选拔制度的不完善，出生在12月的人必须比出生在1月的人更有天赋才能被选拔为职业运动员。

"马太效应"一词由美国社会学家罗伯特·K.默顿（诺贝尔奖获得者罗伯特·C.默顿的父亲，是布莱克-斯科尔斯公式的第三位作者）于1968年在一篇科学论文中首次提出，他用《圣经》里的名字给这一效应命名。[4] 默顿研究了学术奖获得者情况后发现，如果一位学者年轻时就获奖，奖项常常起到自证预言的作用，会让这

第十一章　适应疯狂世界

位学者的结论被引用更多，获奖更多；被引用次数和获奖次数往往独立于其后来取得的成就。

几乎同一时间，社会心理学家也发现了类似的现象，并将其称为皮格马利翁效应（the Pygmalion effect）。美国学者罗伯特·罗森塔尔和勒诺·雅各布森对一所学校的学生进行了智力测试。他们告诉学校的老师，这个测试不是一个常规的智商测试，而是"哈佛大学的屈折习得测试"，测试结果可以显示出哪些学生明年学习成绩会有大幅度提高。测试后，罗森塔尔和雅各布森把成绩排在前20位且明年能"取得好成绩"的学生名单交给了这些学生的老师。罗森塔尔和雅各布森没有告诉这些老师，名单上的学生是随机选的，并非根据学生考试成绩。到了年底，罗森塔尔和雅各布森对这些学生又进行了一次测试，发现最小的孩子（那些一、二年级的孩子）中"能取得好成绩"的学生与其他学生相比，平均成绩都有所提高。[5]

罗森塔尔和雅各布森的实验表明，温和世界也有马太效应。我们在前文提到过，马太效应会造成疯狂世界现象。但是，马太效应也会带来另外一种结果，即让很多人（比如麦农和磨坊主）过着平静的温和世界生活，即便当疯狂现象让生活变得动荡不堪时，也能够生存下去。

由于马太效应，"凡有的，还要加给他，叫他有余"，富人的财富会越来越多。另外，随着他们扔掉的东西越来越值钱，他们的废物堆也变得越来越值钱。比如，如果一位女工匠受到马太效应的青睐，她可能会决定买更好的工具和更贵的材料。她用过的工具和材料并没有坏，还可以正常使用，只不过是被更好的工具和材料替代而已。这位女工匠从不把还可以用的东西扔掉,她把这些旧工具和旧材料跟其他物品一起放到了阁楼上。一旦危机来临,阁楼上一些闲置的物品就会被派上用途。几乎所有问题的解决方案都可以从好工匠的阁楼里找到,虽然可能只是临时解决方案,但常常足以让事情进行下去。

所以,与其他人相比,"凡有的,还要加给他,叫他有余"。比如富人或好工匠,可以承担更大风险,因为这些人已经认识到总能找到办法摆脱危机。因此,他们会从事看起来不可能完成的任务,相信自己一定会找到解决办法。借力阁楼,很可能会找到解决办法。市场危机后,好的投资者总能从废物堆里找到有价值的东西帮他度过危机并重新开始。不管怎样,他总是比那些废物堆存料不足或没有阁楼的人,更容易找到解决办法。另外,工匠和投资者都有从零开始创造东西的经验,困难时期,这种经验会有价值。

因此,马太效应并不像默顿所想的那样,只是描述了社会不公正是如何产生的。马太效应也解释了一个有用的社会现象,即丰富的废物堆。特大风险投资是投资人的自愿行为,不是什么必需的投资,对那些想从事特大风险投资的人而言,废物堆能起到缓冲作用。因为特大风险投资的失败在所难免,就像拳击手难免被经常打到下巴一样。

积累丰富的废物堆

疯狂世界的第四个形成因素是资本积累和知识积累。马太效应

第十一章　适应疯狂世界

不仅适用于个人，也适用于国家。凡有知识和资本的社会，还要加给它，叫它有余；没有的，连它所有的也要夺去。比如，最穷国家中最聪明、最有能力的人到国外工作。约翰·冯·诺依曼如果是在匈牙利工作，就不可能发明计算机。尤金·维格纳不可能在匈牙利造出核反应堆。贫穷国家最好的投资机会一般都被外国投资者所利用，这种投资往往有利于这些贫穷国家，因为贫穷国家自己没有足够的资金。不过，这些外国投资者也会把穷国的财富转移到富裕国家。

随着国家资本的积累，除了追求温饱，人们还会把时间和金钱用于其他，即追求那些让生活更丰富、更有意义的完全为了快乐而做的东西。在这些追求中很有可能会出现对社会有用的全新的奇迹。以发现深奥的电磁感应物理现象（1831）和电解定律（1833）的迈克尔·法拉第为例，据说，1850年英国财政大臣威廉·格拉德斯通爵士问法拉第电磁感应有什么实际用处，法拉第回答道："啊，阁下，也许要不了多久你就可以对它收税了。"[6] 实际上，因为法拉第的发明，我们才有了今天的电力基础设施。

积累不仅让富人的废物堆越来越大、越来越值钱，也让整个社会的废物堆越来越大。如果你目前的做事方式行不通，可以凭借已有的社会知识的积累，寻找新的做事方式。艺术和时尚会回到过去寻找新思路，一些长期不用的做事方式能帮助我们解决很多社会危机。比如，2008年经济危机过后，某些类型的期权交易受到了类似1720年（这一年牛顿炒股失败，损失了2万英镑）那样的监管。

商界和科学界一直在努力尝试新观点、新方案和新模型，确定哪种可行、哪种不可行。这一过程中，今天的新技术成为明天过时的"废物"，未来的废物堆一直处于积累状态。也许可以不用"废物堆"这个词，而改用"科学""企业""科技博物馆"等名称。科学、企业和科技博物馆有各种各样有用的东西。这个丰富的废物堆给了个人和社会一个灾后重建的机会。这一点反映在托德·布赫霍尔茨的名作《天才的回声》(*New Ideas from Dead Economists*)[①]中。2008年经济危机后，很多国家成功使用了一些曾被视为过时的经济方法，比如反周期经济政策。[7]

通过分析疯狂世界的4个形成因素，我们知道了疯狂世界现象来临时可以通过哪些方法取得成功。处于疯狂世界时，会不可避免地遇到另外两个温和世界的原则，即反脆弱和可转换的知识。

---

① 该书简体中文版已于2016年12月由中信出版社出版。——编者注

第十二章
反脆弱

> 如果胜者没有像败者一样下巴挨上几拳,那就不是拳击,而是屠杀了。

塔勒布一直关注如何应对脆弱。《黑天鹅》出版几年后,他就这个主题写了一本书,书名为《反脆弱》(*Antifragile*)[①]。《反脆弱》的英文书名是一个新词,用以强调该书主题涉及的是一个新概念。我认为,塔勒布发现的反脆弱对于如何在疯狂世界生活很重要,所以列专章进行谈论。

"脆弱"的反义词是什么?

如果问朋友和熟人"脆弱"的反义词是什么,他们会回答"稳

[①] 该书简体中文版已于2014年1月由中信出版社出版。——编者注

定""魁伟""强壮""强健""有力""坚固""牢不可破"。但是，这些反义词只表达了一半的意思，只表示出某个东西不脆弱，不会被折断。为什么不提每一次破坏性尝试带来的好处呢？毕竟，"好"的反义词是"坏"，不是冷淡；"正"的反义词是"负"，不是"0"；"破坏"的反义词是"建造"，不是保持现状。但是，"脆弱"的反义词很明显应该是比"不能折断"更好的词。需要用另外一个词，比如"反脆弱"，来描述某样东西不仅不会被折断，而且能从破坏中获益。"反脆弱"一词是塔勒布创造的新词。

  我们根据日常的经历给出一个词的反义词。比如，"大"的反义词是"小"，不是"中等尺寸"，也不是"平均尺寸"，当然，更不可能是"负尺寸"。一个词也可能有不止一个反义词。比如，"迷恋"的反义词可以是"冷淡"，也可以是"憎恨"。"不灵活"的反义词通常是"灵活"，但"灵活"的反义词可以是"脆弱"，也可以是"不灵活"。这说明，"不灵活"的反义词可以是"反脆弱"。实际上，弹簧的灵活性不仅仅指压下去时弹簧不会坏，还指压力对弹簧有好处，弹簧因为压力才能反弹。不过，"灵活"不是"脆弱"的反义词。

  语言中没有一个词可以直接表达破坏的好处。但是，破坏的确有好处，弹簧不是唯一的例子。塔勒布用的例子是希腊神话中的海德拉（九头蛇）。海德拉有很多头，一个头被砍掉后，砍掉的地方就会长出两个头。[1]

  海德拉是神话中的动物，但是它的再生能力在生物界很常见。比如，用过抗生素后，细菌抗药性会增强。生物进化的主要动因正

第十二章 反脆弱

是充满竞争和压力的环境。不适应环境的被淘汰,适应环境的则受益于这一不利环境。生物物种整体上具有反脆弱特征,生物个体也具有反脆弱特征。锻炼后(有了压力后),肌肉和骨骼变得发达;修剪植物,植物会生长更快。人类思维也具有反脆弱特征:有时,督促一下,我的思考会更加深入。我的一个数学老师以前说过,有些学生像机器,有的机器用前要先摇晃一下才行,有的学生需要有人往前推一下。他的确这么做了,不只是嘴上这么说。

心理学家用"韧性"一词指人经历艰难后性格会变得更坚强。1960 年的热门音乐剧《异想天开》(The Fantasticks)的一句台词是这样总结韧性的:"没有受过伤,心就是空的。""韧性"是一种特殊的反脆弱,但仍然只是心理学术语。"创伤后成长"这一术语更具体地描述了这种性格:创伤和逆境能让人心理更加健康。

还有一种反脆弱是"拿破仑情结",这一术语通常具有贬义,指像拿破仑这样个子矮的人由于自卑感作祟变得过于咄咄逼人或盛气凌人,存有强过他人的过分补偿心理。正是这种补偿性心理才使矮个子成功。拿破仑不是特别矮,身高约 1.68 米(有的资料说他的身高是 1.7 米)。实际上,拿破仑的身高高于同时代法国成年男性的平均身高。

"竞赛选手"的反脆弱

各类竞争(包括拳击)都具有反脆弱特征。职业拳击手称,拳击运动里,即使是胜者,也会挨拳头:如果胜者没有像败者一样下巴挨上几拳，那就不是拳击，而是屠杀了。

有的人好像很喜欢漂亮的拳击。真正的拳击手只要赢了比赛，不介意下巴挨上几拳。拳击现场比赛越激烈，拳击手表现也越精彩。拳击手不在意挨了拳头，挨拳后再打回去，才是真正的拳击。

拳击手性格通常出人意料地平和，不出去找麻烦，只有在拳击场上，拳王野性和咄咄逼人的一面才表现出来。前文曾提到过，酒吧房间里吵架越来越激烈，最后会变成打架。那时候，充满平静祥和气氛的酒吧这一温和世界会变成疯狂世界。也许，吵架的另一方回应对方时语气缓和，最后就不会从吵架变为打架。但是，吵架吵得激烈时，语气缓和是不太可能的，不过礼貌道歉后，基本可以避免打架。我不理解为什么人们就因为不想丢脸结果导致生命出现危险。

有一次，我开车快到路口时走神了，刹车晚了一步，撞到了前面的一辆车。只是轻微碰撞，蹭到了保险杠。但是对方是辆崭新的宝马，车上跳下一位身体强壮的小伙子，不断地问："为什么撞我？为什么？为什么？"很明显，他很烦躁，看得出，他如果再受哪怕一丁点儿刺激，都有可能过来打我。我觉得他不会想把我打得很严重，不过，把他新买的宝马撞了，不挨揍好像比较难。但也许，他只是想发泄出他的怒气。想到这里，我灵机一动，回答他说："为什么？因为我搞砸了，非常抱歉。"听了我的话，他马上平静了下来。气氛变得轻松起来，他根本不可能跟我吵架了。几分钟内，我们俩就交换完了事故认定信息。一切都是按照温和世界的交通规则处理的。

第十二章　反脆弱

智力竞赛选手也具有反脆弱特征。最近,我给一群年轻的国际象棋棋手做了个演讲,主题是思维心理学。我告诉他们,要成为优秀棋手,就必须热爱象棋的竞技性,在棋盘上与对手真的一决高下。一位获得特级大师资格的教练(虽然他并不是最高级别的国际棋手,但他获得的特级大师资格是象棋的最高级别,由国际象棋联合会授予)告诉我,我的话让他顿悟。他说:"我现在明白为什么我没有成为一个伟大的棋手,因为我不喜欢对抗!"因此,他是一个分析型、智力型的棋手,下棋时总寻找最佳棋路,无视象棋比赛竞技的一面。他成为特级大师,是因为总是能找到最好的棋路。但是拳击比赛或象棋比赛的关键不是找到客观的最佳拳法或最佳棋路,而是看谁有办法击败对手。所有伟大的棋手参加比赛时都知道,象棋比赛不是单纯棋路上的相互较量,而是两个人智力、意志和自尊心之间的较量。伟大的棋手喜欢智胜对手,即同时在心理和下棋风格上与对手对抗,实现自己的攻防战术。相对来说,客观的"最佳棋路"是没有办法决定输赢的。这解释了为什么在大赛中经常会看到选手一开始会出一险着儿或先失一子,退几步,一旦侥幸脱险,就会大获全胜。

我曾经问一些拳击手、摔跤手和那些非身体对抗型比赛的选手一个问题:拳击手和摔跤手比赛,谁会赢?假设双方在各自领域里都是一流水平(但不是世界级水平)的运动员而且体重相同,大多数非身体对抗型比赛的选手认为拳击手会赢,但拳击手和摔跤手都说摔跤手会赢。摔跤手靠近拳击手时会挨拳击手几拳,但靠得很近后,拳击手就会无法自由出拳,这样,拳击手就没有机会赢了,会被摔跤手摔倒。当然,摔跤手一开始靠近拳击手时,也可能会被拳击手击败,但是,只有拳击手达到世界顶级水平的情况下才会发生这种事。多数一流水平的摔跤手都能接得住一流水平拳击手几拳。

柔道选手跟摔跤手比赛谁会赢?我问柔道运动员和古典式摔跤运动员这个问题时,他们的回答让我很吃惊。他们告诉我说,谁赢要看穿什么衣服。如果双方都穿着衣服,比如穿着柔道服,即穿着厚重的柔道衣、轻便的柔道裤和腰带,那么几乎可以肯定柔道运动员会赢。但是柔道运动员对于几乎裸身的对手是没有办法赢的,因为,柔道运动员通常要抓住对手的衣服。所以,如果对手光着膀子,那肯定对柔道运动员不利,对摔跤手却非常有利。

除了偶尔在酒吧喝醉了打架外,真实生活中拳击手和摔跤手之间很少打架。不过,国际象棋选手会参加各种对抗赛,每天在棋盘上一决高下。人们可能会说某个象棋选手是拳击手类型的、摔跤手类型的和柔道选手类型的。但是如果你认为拳击手型的都是大块头的男性,那你最好想想再说。有史以来最伟大的女性象棋选手朱迪特·波尔加出道以来参加的比赛一般都是国际性男子比赛,是一位非常具有攻击性的象棋选手。很明显,她喜欢激烈比赛,不介意在比赛中丢棋弃子。实际上,她丢的棋子越多,防守次数越多,棋就下得越好。像多数著名棋手一样,朱迪特·波尔加在比赛之外的场合里性格非常温和。

很多投资者都属于比赛选手类型的人。马尔科姆·格拉德威尔在其《小狗看世界》一书中对比了两位成功的投资者,一位是传统

第十二章 反脆弱

的维克多·尼德霍夫，另一位就是塔勒布。尼德霍夫是位传统型的比赛选手，他喜欢竞争，并且愿意冒大风险。但是，就像优秀的扑克牌玩家一样，他知道如何判断股市竞争中的优势和劣势，也知道什么时候该进、什么时候该退，基本上每天都赚到不少钱。不过，他有时也会失手，亏损巨大。灾难性的一天里，他把所有的钱全亏了，共1.3亿美元。他不得不卖掉自己所有的投资和所有的艺术收藏。但是，卖掉后还是还不了债权人的钱。最后，他只好抵押掉自己的城堡，甚至跟自己的孩子借钱。后来，他从头开始投资，很快重聚财富。他不仅买回了当时卖掉的艺术收藏，还清了贷款，还掉了孩子们的钱，而且比以前更加富有。尼德霍夫陷入低谷好几次，但每次总能恢复元气，重聚财富。塔勒布认为，尼德霍夫的投资策略属于典型的脆弱型投资，但尼德霍夫对抗失败的坚定态度，使脆弱型投资变为反脆弱型投资，因为激励他的正是之前的巨额亏损。当然，尼德霍夫最终重聚财富，得益于他的富人的废物堆，因为富人的废物堆是财富的来源。尼德霍夫的废物堆里有很多联系人的名字，这些人他多年没有联系过，这些年他光联系那些更重要的人物了。废物堆里还有他几十年没用过的投资策略，也含有一些丢弃的企业信息和公司信息。因为有了更有用的信息，所以他再也没有用过这些信息。危机后，他的这些废物堆信息再次发挥了作用。

因此，废物堆不再被视为只是放进废物箱或阁楼的东西，废物堆也含有因为过时或被取代的信息。某种意义上讲，人类的废物堆里有大量有用的信息，可以帮我们在灾后重建，或者帮我们改变人生方向。

塔勒布采用的也是典型的竞赛选手姿态。不过，如果尼德霍夫是拳击手的话，塔勒布更像是个柔道选手。尽管根据格拉德威尔的描述，如果同事没有拦住塔勒布，他可能会跟人打几次架。作为投资者，塔勒布在股市竞争中采取的立场是基于反脆弱原则：不会出现大亏损，但是，为了最后危机到来时能有大赚一笔的绝佳机会，他愿意忍受多次小亏损。格拉德威尔把塔勒布称为"华尔街头号异类"，认为塔勒布的早期作品《随机致富的傻瓜》(*Fooled by Randomness*)[①]一书是"对传统华尔街智慧的颠覆，差不多跟马丁·路德的 95 篇论文对天主教堂的颠覆一样"，或者，好像有人在拳击场里突然用柔道动作出拳一样。[2]

投资是一种功夫

哥德尔定律可以用来解释比赛。依据哥德尔定律，一种拳击方法不管有多厉害，总会被更厉害的新的拳击方法替代，之后又会出现更新更强的拳击方法。这一定程度上解释了功夫为什么会有那么多的种类，每个人都可以找到自己喜欢和适合自己的一种功夫。随便哪一种功夫的世界级选手都可以在比赛中击败不怎么优秀的另一种功夫的选手。世界级功夫选手肯定可以制服一个普通的罪犯，即使罪犯用很重的瓶子做武器，世界级功夫选手也可以将他制服。

尽管我们一直在谈酒吧打架谁能打赢这个问题，但值得注意的

---

① 本书简体中文版已于 2007 年由中信出版社出版。——编者注

第十二章　反脆弱

是，并非所有的打架最后都以击败对手收场。很多年前，有人敲响我学校办公室的门。敲门者是一位年轻的女士，她有事想跟我谈一谈。她是一项不怎么有名的功夫的世界冠军，她在我的一本书中读到，技能性的世界级大师大脑中有一万种认知图式。她想知道，功夫大师是不是脑中也有一万种认知图式。我很肯定地告诉她是这样。她问怎么才能知道她自己是否也具有这种认知能力。我回答她说，她是世界冠军这一点就证明她也具有这种认知能力。这位女士非常聪明，我们之间交谈很愉快，但是我无法让她理解我为什么整体上不喜欢功夫和打架。她问我："如果晚上你在大街上遇袭，会怎么做？"我回答说："如果被人从背后用棒球棍袭击头部，什么样的打架招数都没有用，即使是功夫招数也没有用。但是，如果是面对面的袭击，而且有机会跟袭击者说话，我可能会想办法劝他不要伤害我，拿走钱包没关系。"这位女士想了一下，然后说："嗯，我觉得，语言也是武器。"

对大多数人而言，打架让他们感觉非常不舒服，是一种疯狂世界现象。要在激烈的拳击比赛中取胜，拳击手必须从被打的经历中汲取力量。也就是说，反脆弱是成功的拳击手具有的一个基本特征。本书一直提到的麦农和磨坊主不需要有斗志。麦农经营的农场或磨坊主经营的磨坊不会受益于专业投资者的战斗豪情。如果每天的一切都在按照温和世界规则平平稳稳运行着，麦农和磨坊主就很满足了。农场经营或磨坊经营一旦跌到最低点，就很难再恢复。这解释了为什么麦农和磨坊主认为应该购买期权，以应对市场可能出现的不利情况，尽管他们知道投资者卖期权是为了从他们身上获利，也知道购买期权后，只有一切都被限制在他们熟悉的和平的温和世界情形下，他们才能受益。

自从出现期权合同，人们一直不敢肯定到底是该从整体上禁止期权，还是只对某些期权形式加以禁止。上文提到，限制期权市场的法律可以追溯到17世纪。我们可以提出一个重要的道德论点来支持政府对期权交易加以限制，尤其是我们现在知道了，有些期权合同（疯狂世界里那些更恼人的期权合同）理论上根本无法有合适的价格。在温和世界环境中，依据布莱克-斯科尔斯公式可以给某些期权定出比较现实的价格；但在疯狂世界环境中，一些更疯狂的期权市场不存在这个公式，也不可能存在这种公式。这种期权买卖不能被证明具有通常意义上的"公平性"。

但是，一旦期权规范过于严格，就会引起期权交易各方的抗议。麦农和磨坊主抱怨的原因是，如果无法进入期权市场，他们会面临不必要的风险。期权交易商抗议的原因是，他们认为政府不应该规范期权交易。他们说，即使交易出问题，他们也不可能哭着喊着让政府出面救市（不过，期权交易商说得不完全对，2008年经济危机时，期权交易商实际上要求政府救市了）；相反，不管结局多坏，他们都会接受，并且靠自己的力量站起来，不用政府出面帮忙。

看起来，投资者非常相信自己的反脆弱能力。就连塔勒布都认为，投资者的做法实际上是将自己推到最危险的境地，因为他们可能突然遭遇彻底的破产。但是，像其他有斗志的人一样，投资者反对自己喜欢的投资方式被禁止。如果拳击这样危险的运动都是合法

第十二章 反脆弱

的，投资为什么就不能是合法的呢？规范投资的一个原因是，有些投资形式会威胁到国家经济。塔勒布式的投资策略最明确地反映了这一点。在塔勒布式的投资策略中，押注危机会成为自证预言，引起投资者恐慌心态，导致市场崩溃。这解释了为什么 2008 年经济危机后，很多国家通过立法对塔勒布式的投资方式加以规范。要注意，所有功夫都有严格的规范。比如，人人都知道，拳击比赛中，不允许击打腰带以下部位。像拳击运动员一样，投资者通常愿意接受一定程度的规范，前提是他们仍然可以参与自己选择的投资方式。

投资涉及的道德问题要更麻烦些。有人说，2008 年经济危机的主要原因之一是投资者太贪婪，这么说的确有些道理。选手非常想赢比赛，比赛白热化时，选手就不太会去管什么社交礼仪了。为了取胜，他们会采用一切可以使用的合法手段，甚至有可能违规（如果他们认为违规后可以逃脱惩罚）。人的贪心——或者说求胜意志——永无止境。那么，剩下的问题是，导致 2008 年经济危机的贪心投资是否已经越界成为非法投资。如果是非法投资，那么，是应该更加严格地规范投资，还是应该对法律进行大刀阔斧的改革？

父母和老师都教育我们说，打架不是解决纠纷的最合乎道德的方法。他们的话当然是对的。但是，争斗无处不在，不管是身体上的、智力上的还是经济上的，都会一直在我们身边发生。不管是哪种争斗，对于那些好斗的人而言，争斗主要不是为了解决纠纷，而是因为争斗本身具有魅力。政府颁布禁令禁止一种争斗方式，斗士们就会找到其他方式继续争斗。这就会出现一种危险，即禁令虽然占据了道德制高点，但最终给社会带来的弊端会大于利益。

拳击手身上体现出来的那种纯粹的反脆弱可以造福社会。比如，需要士兵时，士兵的反脆弱性可以造福社会。举一个不太军事化的例子：竞争意识强的期货交易商提高了麦农和磨坊主的生活水平，给我们所有人带来了社会福利。某种意义上说，投资者是温和世界的白马骑士。前文提到，哥德尔不完全性定理的精髓可以被应用于道德和社会问题，因此我们必须承认，要平衡好任何特别法律或规范的伦理与实践意义并不容易。

温和世界的白马骑士

我儿时的朋友亚历克斯最近告诉我，他正在考虑进行一项有趣的投资。他觉得自己工作的公司发展前景不错，认为这个公司有一天甚至可能会在纳斯达克上市，但他不太信任公司的首席执行官。反正他总感觉首席执行官没有全身心投入到将公司发展成全球领先企业这一事业中。亚历克斯担心，首席执行官只满足于赚够钱以保证自己的金融安全，安于现状，不去努力谋划公司的未来。尽管亚历克斯在这家公司的收入相当不错，但首席执行官安于现状、不考虑公司未来发展这一点让他非常不爽。

最后，亚历克斯还是从这家前途不错的公司辞了职。他怎么都不喜欢这位首席执行官。每个称职的风险资本家都知道，初创企业的成功不仅取决于公司有新的伟大构想或经营模式，而且也取决于公司员工的性格。亚历克斯告诉我："初创企业成不成功很大程度

第十二章　反脆弱

上的确是依赖于首席执行官，毕竟公司经营不会出现奇迹。"我听亚历克斯说没有奇迹已经有100遍了，但是这一次，他的话让我感觉很不爽。我问他："所以，你认为我这本书所写的奇迹根本不存在？"出乎意料，他回答道："当然不是。第一个在纳斯达克上市的匈牙利软件公司LogMeIn就是个奇迹。"我继续问他："所以你认为这是个奇迹？"他叹了口气说道："你在匈牙利四处看过没有，这么闭塞落后的地方竟然有公司能在美国证券交易市场上市，只有奇迹才能让这一切发生。"

这不仅仅是酸葡萄心理。亚历克斯并没有低估LogMeIn创始人的成就。LogMeIn的成功可能是个奇迹，但是，如果没有始终如一的坚持和专业的管理，什么奇迹也不可能让这个公司在纳斯达克上市。魔方的成功发明以及英国航海家艾伦·麦克阿瑟成功的环海旅行，也是如此：如果没有做好精心准备，奇迹来临时，也不可能利用好奇迹。正如《老人与海》一书中的老人所说："走运当然是好。不过我情愿做到分毫不差，这样，运气来的时候，你就有所准备了。"

LogMeIn公司奇迹般的成功就是我们所谓的伪奇迹。依据疯狂世界本质，这种事会时不时地发生。魔方的全球成功不仅需要伪奇迹，也需要"真正的"奇迹出现。首先，厄尔诺·鲁比克发明魔方是个真正的奇迹，因为根据现有的科学，魔方是不可能存在的发明。疯狂世界本质决定了，汤姆·克雷默竟然能把魔方这个玩具推销成为国际性玩具，是个伪奇迹。

亚历克斯也想创造出伪奇迹。他的目标是找到看似已经创造出真正奇迹，因此现在有可能成为一家积极的黑天鹅的新公司。但是得有人让这些可能性成为现实，亚历克斯愿意接受这种挑战。像那些认真的投资者一样，亚历克斯也很有斗志。尽管他以前为初创企业提供过风险投资，但那不是他的主业。把一个初出茅庐的丑小鸭发展成优秀的白天鹅，除了有投资外，还需要与管理层合作。有人为自己信仰的事业奋斗，虽然不喜欢这项事业，但可以从信仰中汲取力量。亚历克斯可不是这样的人。亚历克斯的反脆弱性是基于他的好斗性格。但他不是一个遇到什么风车都会举剑迎战的人，有可行的风车目标后，他才会举剑迎战。

亚历克斯仍然不相信奇迹，尽管有些勉强，但他起码承认伪奇迹和真正的奇迹是存在的。但亚历克斯谈到他不喜欢的那个首席执行官时说道："不会发生什么奇迹。本性难移。"亚历克斯认为，要让首席执行官改变性格，基本得出现超验奇迹。他绝对不相信首席执行官会改变性格。亚历克斯可能见过各种奇迹，但这些都不足以激起他的斗志，他不会尝试改变首席执行官。别忘了，他是投资者，而不是心理学家或牧师。

亚历克斯私底下是个非常温和的人，但在商界，他很有斗志。他在商界好斗的样子我经常见到。不过，我不知道亚历克斯到底是哪种类型的选手。他肯定不是拳击手、摔跤手或柔道手，他的风格跟上面这三种选手的风格大不一样。如果我对其他功夫形式够精通，也许就能确定亚历克斯的心态到底属于哪种功夫选手，以及他是否有自己特有的心态。作为投资者，亚历克斯可能真的发明了一种新的格斗形式。

第十二章　反脆弱

我认为亚历克斯是一流的投资者，但不是世界级水平的投资者。他从来不跟尼德霍夫、巴菲特、索罗斯或塔勒布这样的投资者比高低。亚历克斯的伟大梦想是，把一家匈牙利小公司做到在纳斯达克上市。这个梦想一直没有实现，实际上，他甚至没有把公司带进主流的圈子。一旦意识到他所在的初创公司不会奇迹般地成功，亚历克斯就会退出。这并不意味着他没有为公司的发展做出过贡献。通过他的辛勤付出，他工作过的每家公司都发展稳定，前途光明。一切迹象似乎都表明，亚历克斯的坚持不懈会让奇迹发生，就像当年厄尔诺·鲁比克和艾伦·麦克阿瑟成功前的那些迹象一样。但是最后，亚历克斯还是欠缺了点什么，因为最后他并没有让奇迹发生。没有成功，可能是因为亚历克斯运气有点背，也许因为亚历克斯只是一流水平而不是世界级水平的投资者。不过，亚历克斯的付出还是让很多人躲过了疯狂世界的风暴袭击。我认为亚历克斯是温和世界的白色骑士。

多样化优势

前文提到，数学体系本身不可能只是有点矛盾，而是要么具有完全一致性，要么具有完全不一致性。如果数学具有完全不一致性，那就可以进行任何演绎，包括推导出"1＝0"这种荒谬的等式。这意味着，数学是非常脆弱的结构，因为任何一个模糊的矛盾都会导致整个数学大厦的倒塌。所以，让我们支持一下数学的一致性吧。但是，即使数学系统具有一致性，数学论点也是脆弱的；即使是一个小小的逻辑错误，也会导致整个数学论点站不住脚。

数学每解决一个问题，就会有一个新问题等着你去解决；科学每解决一个问题，就会有一个新领域需要去探索；每推出一个数学对象，就有新的数学对象需要推出。这一机制让科学和数学具有了稳定性，不会最后突然崩溃。拳击手从挨打中汲取力量，类似地，科学从已解决的问题中找出新问题，从旧思想中得出新思想。反脆弱指的就是这个意思。

按科学思路下棋的国际象棋大师虽然不好斗，也永不会成为真正伟大的象棋手，但可以在几年的时间里击败几个世界级的象棋大师。他们是怎么做到的？诀窍是按客观的最佳棋路下棋。比赛中，这些象棋大师一切都处理到位，不出什么差错，靠科学分析，最后可以赢棋。但是，由于这种科学思路很脆弱，人类象棋手很难按完美棋路下棋，即使是象棋大师也难以做到这一点。反脆弱的典范、象棋选手朱迪特·波尔加会故意不选择业已存在的最佳棋路，而是将自己的棋路复杂化。对手因为难以找到最佳棋路，很容易下错棋，这个时候，她就会在对手错棋基础上反将一军，从她故意设计的险棋中走出制胜的一步。

科学的反脆弱特征一般表现在，不管哪种玩法，最好的计算机象棋程序总能击败人类最棒的象棋选手（与计算机象棋程序相比，单枪匹马参加比赛的象棋选手非常脆弱）。依据科学思维下棋的象棋大师只是偶尔能击败顶级象棋选手，但是拥有几百位科学家思维方式的计算机程序却可以经常击败最佳象棋选手。科学的反脆弱性能成功地抗衡个人大脑的脆弱性。不过，在人类象棋选手锦标赛

第十二章 反脆弱

中，思想脆弱、按科学思路下棋的选手常常会被具有反脆弱特征的最佳选手胜出。

好斗可能是一种外向性格，多数人或多或少都有这种心态。但是，我们中不好斗的人要做到反脆弱还有其他方法，比如科学思维。科学思维在个人层面上是脆弱的，但是作为一种解决问题的方法却是反脆弱的。

有些科学家也好斗，不过多数科学家不好斗。科学本身是反脆弱的，不是因为科学代表了反脆弱，或科学思维是反脆弱的，而是因为科学实现了反脆弱的另一面。科学的反脆弱工作原理跟生物体的反脆弱工作机理类似。生物体的反脆弱源自以下事实：新物种和持续的资源竞争创造了一个强大的多样性的环境，可能出现更新、更适宜生存的生命体。

第四章"正态分布的力量"中谈到，生物进化实现了生物多样性和稳定性这两个看似相互矛盾的原则。正态分布为生物同时实现多样性与稳定性打下了稳定的基础，因此温和世界里生物体才能够稳定存在。但在疯狂世界环境中，多样性特征不仅让物种得以繁衍生存，而且让它们繁荣兴旺，正是多样性使得某些物种能够从极端环境中受益。多样性的物种中，有的物种可能很喜欢生长在极端环境中，因此，多样性本身能带来物种的反脆弱。依据进化论，脆弱的成分可以进化成反脆弱结构。这同样适用于科学。有很多科学家思想很脆弱，却能够发明出明确的反脆弱的科学原则。

也许还有其他一些原则也奠定了反脆弱的基础，比如自我组织性，但是讨论自我组织性这个话题，会偏离本书主题太远。想深入了解这个话题的读者，可以参照书后注释中提到的参考文献。[3]

反脆弱和奇迹

温和世界的灾难基本是可控的，其负面影响不仅有平均值、标准差，而且某种程度上还是可预测的、不混沌的。比如，我们知道地震震级多大，风暴有几级，需要面对的湖面有多宽，而且我们设立的灾难应对体系足够稳定有效。它们没必要远超反脆弱的那个点。如果能实现体系的稳定，我们就为几乎所有可能发生的灾难做好了准备。温和世界可以用传统的技术和经济工具来构建世界。

相比较之下，疯狂世界现象是混沌的、不可预测的，并且没有标准差。疯狂世界里不可能有什么计划性，这是公认的事实。没有人能说出该为百年一遇的灾难做些什么准备，这需要根本上全新的规划原则，而且这些新规划原则只具有稳定性还不够，还需要具有反脆弱性。

不过，反脆弱不是万能药。虽然反脆弱对于理解适用于疯狂世界的一些原则、行为和心理状态而言是一个重要的概念，但要弄清反脆弱与疯狂世界巨大灾难之间的关系，需要清楚反脆弱的真正含义，或者为这一概念找一个更好的表述。把反脆弱概念融入我们的思维，应该有助于我们更好地应对疯狂世界里不时出现的黑天鹅。如果反脆弱最后能成为一个有充分理论依据的科学概念，我们就可以期望将来会有更好的工具，应对那些由疯狂世界性质造成的有害的伪奇迹。

第十二章 反脆弱

我们在应对不利的真正奇迹（那些现代科学无法解释的奇迹）方面还有一线希望：科学正是通过回应这种奇迹才具有了反脆弱性，从中汲取力量往前发展。而那些超验奇迹，因为信仰，人们才具有了反脆弱特征。不过，反脆弱的心理机制是什么样的目前还不清楚。

有值钱的废物堆，才会有反脆弱

目前，反脆弱是唯一一个适用于疯狂世界环境的一般原则，当然，反脆弱也适用于温和世界。前一章讨论的4个原则虽然不符合反脆弱的严格标准，但这4个原则在疯狂世界中非常有用，与温和世界科学也不矛盾（尽管它们不是来自温和世界科学）。反脆弱在疯狂世界非常有用，不过，反脆弱也非常遵循温和世界思维。比如，战斗不仅存在于温和世界，也存在于疯狂世界，而且自古以来就有。摩西律法提到过这个，尤其提到了应有的惩罚："以伤还伤，以眼还眼，以牙还牙。他怎样叫人的身体有残疾，也要照样向他行。"（《利未记》24:20）不管是温和世界还是疯狂世界，都可以对争斗加以控制，也应该加以控制，两种情况都需要反脆弱。通过新方法更深入了解疯狂世界的同时，可以帮助我们提高日常的温和世界思维。

麦农和磨坊主很聪明，将自己不在行的风险交由专业的投资者来处理。这就像拳击最好由拳击手去打，科学是科学家的职责，牧师职务由牧师担任一样。专业人士是温和世界的白色骑士，骑士总是适用特别规则。很多人羡慕古代骑士的特殊地位，但是很少有人愿意穿上古代骑士盔甲，像古代骑士那样打仗。特大风险最好由专家处理。专业投资者的好斗心态使其具有了反脆弱特征。比起麦农或磨坊主，专业投资者更有能力应对大的金融风险。因此，让投资者为麦农和磨坊主提供期权合同非常合适。专业投资者非常乐意从事这项业务。普通环境下，即在温和世界环境下，专业投资者一般比麦农或磨坊主更富有。

投资者正是通过这种方式积累了财富，从而积累出一个废物堆，废物堆里的各种工具让投资者能够在大崩溃后恢复。如果恢复不了，那是投资者自身的问题。但是，因为投资者只是普通人，恢复不了的时候，据说他们会代表麦农或磨坊主请求政府救市。比如，2008年金融危机时，曾经出现政府救市的情况。但是，瑞典是当时少数几个政府没有去救市的国家，但也是应对经济危机最好的国家。[4] 2008年金融危机后的经历表明，出现灾难时，不顾投资者个人利益才能最好地服务于公共利益。但是，这一规则只适用于短期措施。长期来看，如果国家对投资者不友好，那么遭殃的恰恰是麦农或磨坊主。

偶尔破产，只是投资者这一工作面临的风险之一（偶尔破产也是疯狂世界的规则），是投资者应该单独承担的责任。但是，温和世界规则运行时，如果我们羡慕投资者的财富，或对其行为进行调控，限制其积累财富的能力，那就不会有人去承担投资者应该承担的风险了，因为非投资者的投资心态不具备反脆弱特征，应付不了投资压力。投资者在正常情况下（温和世界环境下）积累的有价值的废物堆，有利于整个社会建立反脆弱性。

第十三章
可转化知识

> 宁愿为子孙后代建个富人的废物堆,也不要建一座穷人的房子。

1757年,32岁的贾科莫·卡萨诺瓦勇敢地逃离威尼斯的总督监狱,到了巴黎,从零开始重建自己的生活。[1] 他运气很好,在法国外长这个老朋友的帮助下,他重振了法兰西皇家彩票。他把自己追女人的技巧用于卖彩票,最后变得富有。

不过,卡萨诺瓦并不是个成功的商人。他狠狠地赚过几笔巨款,但也巨亏过好几次。推行彩票没有让他出名,花大价钱追求女色却让他名声在外。卡萨诺瓦向其他国家推行彩票系统时,接触了当时的许多大人物,包括英格兰的乔治三世、普鲁士腓特烈大帝、俄国的叶卡捷琳娜大帝。不过,这些大人物都没有接受他的博彩提议,因为卡萨诺瓦所处的那个时代并不是商业思想家的时代。

商业思想家

卡萨诺瓦时代以及此后的两三个世纪，居主导地位的伟大的改革人士提出革新思想，主要出于革新精神，商业机会即使是原因之一，也只是第二位的，因为商业机会来自这些革新思想。而当今时代，多数商业思想家对解决科学或技术问题感兴趣，只是为了创造下一笔大交易机会。只有引领商业新动向的革新才是有价值的革新。比如，史蒂夫·乔布斯创建苹果公司，目的是建立计算机市场，供不太懂科技的人购买和使用电脑。几年来，乔布斯一直致力于吸引新顾客购买苹果产品。苹果最近推出的广告标语是让计算机设备更加便携：背包计算机、口袋计算机或手腕计算机。电子产品要便携，大型的输入设备必须被淘汰，而且，很长一段时间里，学会用笨重的手指控制小屏幕好像不太可能。这在别人看来很难实现，大家也都认为乔布斯的想法很荒谬。但是，乔布斯没有退缩，而是毫不动摇地坚持了自己的想法，最终才有了苹果手机、平板电脑和智能手表的诞生。

现在，几乎每款苹果手机都产自中国。不过，如果生产商生产每款电子产品时都要向美国的苹果公司支付50%的许可费，那苹果手机什么程度上才能被视为中国产品呢？在苹果手机这个案例里，商业思想家当然既不是决定中国公司生产苹果手机的决策者，也不是苹果手机生产的组织者，更不是苹果手机的设计团队。那个直觉认为世界会需要苹果产品，并创造了口袋里的通用信息模块故事的人才是商业思想家。史蒂夫·乔布斯是世界上最伟大的商业思

第十三章　可转化知识

想家之一。

商业思想家不会告诉我们他们明天会有什么动作，就像卡萨诺瓦刚到巴黎时不知道自己下一步要做什么一样。我们能确定的只有一件事，那就是：商业思想家总能把住商业新动向的脉搏。公司决策者、决策顾问、企业家或自由学者都可能是商业思想家。

形成生产力发展新趋势的正是商业思想家的理想及其书写的商业故事，这些新趋势具有重要的附加价值。现在各国普遍担心的一点是，生产被发展中国家控制。如果欧洲和美国没有先进技术，这些国家的工人该怎么办？最糟糕的解决方案是，这些国家的工人可以通过培训掌握专门技术，甚至可以通过培训取得教学、工程或医学方面的文凭。很明显，国家总需要教师和医生，地方也需要教师和医生，起码现在情况是这样的。但在如今的发达国家，被认为是"知识产权密集型"的企业的产值占到了国内生产总值的1/3，而建筑业和农业却分别只占国内生产总值的5%。商业思想家推出的新设备、新产品、新的商业策略和新模式，即商业思想家创造的商业故事在全球生产总值中的占比会越来越大。有些人甚至预估，几十年后，这个占比将达到50%。预估数字可能有点夸大的成分，但是，公司、地区和国家只有拥有了最优秀的商业思想家，才能在全球竞争中赢得经济上的主导权。

转化知识

商业思想家很多时间都是在思考，而且他们脑中有很多新奇的想法，这也许让人惊讶。有些商业思想家以前可能是学哲学的，比如乔治·索罗斯；有些可能学的是古典文献学，比如查尔斯·汉迪（机构行为和机构管理方面的专家，被公认为我们这个时代最伟大的商业思想家之一）；有些可能学的是艺术史，比如埃丝特·戴森（最早的互联网领袖级人物之一）；有些商业思想家所学的专业跟商业一点都不沾边。以前学的专业是什么真的不重要，很多伟大的商业思想家所学的专业跟商业毫无关系。[2] 他们上学时所学的专业是人文学或物理学这样的理论科学。关键是，他们能学以致用，将专业里学到的广博知识和上学期间训练出来的创造性思维融合起来，就像卡萨诺瓦将他对人类本性的洞察力（从卡萨诺瓦一直被世人津津乐道称为花花公子这一点来看，他对人类本性肯定有很高的洞察力）用于他在法国的博彩业，最后靠博彩发家一样。或者，像汤姆·克雷默一样，有着丰富的想象力，能预见到魔方会风靡全球。

书本中无法学到商业思想，就像读手册无法成功地成为雕刻家或小说家一样。一开始什么身份不重要，是历史学家、哲学家或是天文学家都没关系。如果想成为一名成功的商业思想家，就必须在职业生涯中将以前所学知识转化成完全不同的东西，只要是在疯狂世界的情况下，就必须做到这一点。因此，21 世纪教育最重要的目标是让学生在某个学科打好坚实的基础，培养学生的知识转化能力，机会一旦来临，学生就可以发挥自己丰富的想象力，将知识加以转化。商业思想家是知识冒险家，能够把知识和想象力运用到各个领域中，甚至把知识和想象力应用到与初学知识相差甚远的领域中。从这个意义上讲，商业思想家就是当今的卡萨诺瓦。

第十三章 可转化知识

当然，思维敏捷的商业思想家要想将自己的想法付诸实施，离不开一个专业团队的合作。专业人士将商业思想家的奇思妙想转化为产品、服务和商业模式。这些专业人士也要根据需要，把自己的知识转化成能够服务于商业思想家疯狂世界理想的东西。一个国家要想成为 21 世纪的赢家，就不仅需要最优秀的商业思想家，而且需要一个具有深奥专业知识并且能将专业知识加以转化的专业团队。与所学专业相比，具有知识转化能力更为重要。

我不建议大学生根据现在市场需求选择职业道路。明天市场需要什么谁也说不清。相反，我会对大学生说："专业是什么基本不重要。好好学习自己的专业，了解事物和思想之间的相互关系。不管世界怎么变化，你所学专业都有用武之地，因为你能够把广博的知识和技术运用到各种领域。"

把握全局

第九章"疯狂等级"指出，技术革新会自动使疯狂世界的 4 个形成因素加剧变化。但是，有些人因为技术革新失去工作。这些人的专业知识曾经让他们非常胜任工作，但技术革新后，他们曾经的专业知识失去了价值。这些人可能失去了比较优势，失去了原来的工作，为了维持生计，他们不得不从事完全不同的工作。我常常告诉心理学系和工程系的学生，20 年后，他们中起码有一半（也可能 3/4）的人会从事跟他们现在所学专业完全不搭界的工作。

让我感到吃惊的是，这些 20 多岁的学生很明显对我所说的一点儿也不吃惊。虽然对疯狂世界的科学和奇迹逻辑不熟悉,但让他们 40 年或 50 年一直干一种工作,他们会觉得不可思议。师范类或医学类学生也是这么想的。一辈子也许会一直当老师或医生,但教师执教或医生执业过程中,教学或医疗工具出现了变化,情况发生了变化,职业态度也发生了改变,基本可以认为职业本身也发生了变化,而且这一过程中,还必须学习很多他们上大学时从未想到学习的东西。

从疯狂世界的本质来看,我们经常无法预测出让我们不得不做出改变的到底是什么。有时,我们甚至无法知道下一秒会发生什么。不过,我们可以未雨绸缪,做足准备,彻底更换职业,开始新征程。我们的职业可能会变化很多次。这解释了为什么拥有灵活的世界观比拥有专业知识更为重要。

当然,也不尽然。过去几个世纪里,专业知识不仅带来社会经济的发展,也带来了个的人成功。21 世纪,专业知识的这一作用越来越多地被可转化知识替代。古代人将可转化知识视为能预测未来的不寻常智慧的标志。比如,在斯蒂芬·塞勒古罗马小说《帝国》一书中,克劳狄乌斯若有所思地说:"历史不像占卜一样,不是一门严格意义上的科学。因为历史是关于过去,而过去的永远过去了,神或人都无法回到过去,也无法改变过去。但是占卜不一样,占卜是关于现在和未来,关于神的旨意,而这些都还没有发生。占卜是一门精确的科学,前提是占卜者拥有足够的知识和能力。"[3] 那个时代的人认为,老师虽然不如算命先生聪明,但是老师的智力程度还是可以把天才的思想讲解给人们听。现在,拥有智慧的标志

第十三章 可转化知识

是，能为不可预测的未来做好准备。

现在正在推出一些教学生学习可转化知识的教学方法，但是这些教学方法还远不是什么具体的教学原则。不过，特定行业的教学已经在越来越多地教学生如何用更为概括化的框架去认识世界。各个学科都有自己独特的全局观和专业观。深刻理解所在学科全局观和专业观的人，即使在极端疯狂世界的环境中，也有机会将学科大方向内化为自己的知识。这些人遇到意外情况和新情况时，能从容不迫，保持自信，知道自己下一步该做什么。

当然，我们需要有东西可以去转换才行。人们还是得完全了解温和世界的科学，但要少关注细节，多关注全局性的东西。有一次，我父亲和叔叔（两人都已经80多岁）想到自己在渐渐失去优势，有点闷闷不乐。这时，叔叔说道："首先，很幸运，我们还有东西可以失去。"

要让学生获取可转化知识，首先得教给学生的不是疯狂世界的科学与实践，让学生掌握几个一般原则就足够了。黑天鹅事件后，如果只是向学生解释黑天鹅事件的发生情况，就没必要教学生学习具体的黑天鹅事件。关于一个黑天鹅事件的知识对理解下一个黑天鹅事件并没有什么帮助，对预测下一个黑天鹅事件更没什么帮助。但是，正因为有黑天鹅事件，我们才需要教学生学习掌握各个专业的大方向。只有这样，学生才能做好准备，应对好黑天鹅事件可能带来的影响，一直保持思维灵活，适应性强，应对好世界巨变。

一位著名的医学教授以前曾在每学期初开一次全系大会，探讨该学期的课程内容。有一次，一名助教讲完他的肾功能课程计划后，与会的肾脏专家对他的讲义争论激烈。过了一会儿，这位教授叫停了争论，说："这学期肾功能课程就像他说的这么教。"他说这话并非在冷嘲热讽，他的意思是，尽管那位助教讲义内容中有的地方值得商榷，但这名助教的讲义可以很好地教给学生整体上肾脏如何工作。当然，其他人的讲义也许也可以做到这一点。讲义强调哪些肾功能的细节并不重要，重要的是能让学生接触到一种帮他们了解如何行医的思维方式。

把握全局有助于具体问题的解决，这种观点并不是什么新观点。古埃及祭司用轨迹记忆法记住一长串东西，运用的就是通过掌握全局解决具体问题的方法。那时候很多人不识字，记忆在知识的保存和传播中起的作用比现在大。轨迹记忆法就是，把要记住的东西跟一个结构复杂的知名地方（比如庙宇）里的各种物品联系起来记。物品跟轨迹相联系后，人们就可以根据位置记一大串东西，这些东西在多年后仍能清楚记得。[4]

苏联著名的心理学家亚历山大·卢里亚花几十年对一个有超强记忆的人进行了研究。有一次，卢里亚让这个人回想一下15年前让他记的一长串单词。这个人闭上眼想了想，然后说道："对，对……在你房间里，有一次你给了我一长串单词……当时你坐在桌子边，我坐在摇椅里……你当时穿着灰色套装，这个样子看着我……现在，我记起来了，那些单词是……"[5] 接着，他一字不差地说出了多年前卢里亚让他记忆的那些单词。这个人总是把单词跟列宁格勒（今圣彼得堡）涅瓦大街上的建筑以及其他细节联系起来记。他能准确说出当时涅瓦大街的样子，每个细节都记得。像古埃

第十三章 可转化知识

及祭司一样,他需要完全把握全局,才能有这样记忆超强的大脑。

教学生学习可转化知识

教学生学习可转化知识时,不需要否定历史悠久的温和世界的教学方法。顶级大学的学生尽管学习的重点并非可转化知识,但是在某种程度上,他们一直以来学的都是可转化知识。

美国经典喜剧《北国风云》(*Northern Exposure*)中的一集里,纽约市内科医生乔尔·弗莱施曼背负责任,来到冰天雪地的阿拉斯加小镇,被当地丛林飞行员接到一个偏远地方去行医。回来的路上,飞机出了故障,紧急迫降在广袤的北部森林中。飞行员对自己的飞机了如指掌,但她却说不出到底哪里出了故障。趁飞行员到林间找食物的间隙,弗莱施曼看了眼引擎。飞行员回来后发现弗莱施曼正在摆弄引擎,就极力阻止他,让他不要动引擎。弗莱施曼回应她说:"奥康奈尔,紧张什么,不就是个引擎嘛。实际上,飞机引擎并不像人的心脏那么脆弱……问题是,瓣膜(引擎)好像卡住了,上面粘了很多黏糊糊的东西,像肺动脉瓣狭窄……心脏有瓣膜卡住了的话,血液无法流动。类似地,引擎卡住了,可是个大问题,因此,我们现在遇到的问题是……引擎卡住了。现在不卡了……快点,发动飞机试试。"让飞行员吃惊的是,飞机引擎居然真的被医生修好了。[6]

由于突然出现疯狂世界情况,这位医生不得不把他的专业医学知识用在了跟医学毫不相干的领域里。很明显,他头脑中关于心脏如何运行的全局观，最后成了可转化知识。这个结果并非医学院老师教学的目的，而是因为高层次的知识本身就具有可转化性。

在医学院，医生学习颞骨各个部分的名字，需要掌握的名字有200多个。学习这些名字有用吗？并没有出现过岩枕裂病或蝶腭孔病这类病，即使有这种病，几秒内就可以在解剖书上或网上查到，何必学习呢？并不是每个名字都是重要的医学知识，何必每一个名字都要去学习呢？医学院学生之所以学习人体各个部分的名字，是因为作为内科医生，他们需要完全掌握人体解剖学。这是医生需要掌握的专业知识的基础部分，也是医生必须具备的基础知识。学生应该学习这种或那种全局观，有全局观非常重要。因此，去选个专业学习吧，比如，可以去深入学习一下罗马的法律条文、偏微分方程或印欧语言学。

几个世纪发展起来的专业训练方法让学生很好地获取了有用知识，每个专业有很多知识某种程度上都是可转化知识。有学生抱怨说，老师让他们记住颞骨各个细节或背诵印欧语系词根的整本字典不过是教师在利用职权体罚他们。这么说只说对了一半。某种意义上讲，难而枯燥的学习任务是学生入校后必须完成的仪式性的任务，这些学习任务绝不是毫无意义的，而是有助于学生形成大致的职业定位。职业定位能够让专家对很多领域中各种各样的问题做出明智评判。如果学生不去完成这些仪式性的学习任务，就无法形成大致的职业定位。如果我们一直把时间和精力花在细节上，就没空想全局，也无法形成全局观。

但是，专业教育马上要转移重点了。专业教育将不再强调事实

第十三章 可转化知识

和细节，而是更加重视诸多专业模型的理解。学生会接触到互相冲突的模型，从而意识到没有什么模型是放之四海而皆准的，一定要随时寻找特定情境中最适用的模型。其中，有些模型是温和世界模型，有些则是疯狂世界模型。学生要想对两类模型都加以使用，就必须熟悉温和世界概念和疯狂世界概念。首先，学生必须学会双向思考。

各个学科的专业教学内容会一直包含一些不必要的细节。但是，这些细节会与一些基本模型越来越相关，其中一些模型可能不会实际使用。这种更强调专业模型理解的教学方式能更有效地把可转化知识教给学生。只教最新方法、不教模型理解的教学方式无法有效地做到这一点，因为现在的最新方法未来会过时，最落伍的从业者才会去使用。

一个人走在街上，一块砖掉到他头上，他自己可能要负部分责任。来上我心理学课的工程系学生觉得这一点很难理解。走到楼下时，这个人可能已经察觉到大楼或周围环境有不对劲的地方，但他没有特别在意，而是继续往前走，结果造成自己不幸被砖头击中头部。而另一方面，我的心理学学生则需要相信，一个人走在街上，如果一块砖掉到他头上，很可能不是这个人的责任。有些情况下，遇到不幸纯粹是因为运气不好。对于心理学学生而言，他们的全局观中很难有宇宙随机性这一概念。

尽管学校教育的目的仍然是让学生为特定职业做准备，但要记住，科学与人文这两个学科的学生中，有很多人毕业后会在市场营销和金融这样的部门工作，因为掌握并能使用复杂数学模型和复杂概念关系的人在这两个部门可以找到工作。科学教育强调数学模型，人文教育强调复杂概念之间的关系。不过，明天疯狂世界的一个奇点可能会带来一种完全不同的工作机会，人们需要取得数学模型和复杂概念关系方面的学历才能求职。

对大多数人而言，上学期间学到的专业"语言"会伴随他们一生，他们会一直从所学专业的角度来看世界。但是，疯狂世界情境中使用的可转化知识与专业知识截然不同。优化、最小化和预测这类经典概念的重要性越来越小，而可以应用于各种模型的知识会变得越来越重要，前文提到的医生修好飞机这个故事就说明了这一点。

模特和比例模特

我女儿薇拉以前做时装模特时，常常开玩笑说，她不是真人模特，只是个比例模特。她认为，真人模特工作起来像真人但看着不像真人，而比例模特则看着像真人但不像真人一样工作。她做模特展示服装时就是这种感觉，她感觉自己更像是裁缝店里的仿真人体模特，而不是真人。

真人模特有真人模特的知识，比例模特有比例模特的知识。不过，重要的是能确定什么场合使用真人模特知识，什么场合使用比例模特知识。应用可转换知识时，真人模特知识和比例模特知识这两种知识都必不可少。真人模特以有效域为特征，比例模特讲究的是大概的模样。公司规划的通常是模型，常被称为商业模型。公司

第十三章 可转化知识

理念的影响评估通常是比例模型。

商业模型和比例模型这两个概念常常很难分清界限。构建DNA双螺旋模型时，实际构建的是比例模型，因为双螺旋模型并不像真正的DNA那样工作，只是展示了DNA工作的大致情况。不过，DNA双螺旋模型背后的知识非常深奥，很明显，双螺旋知识是理解DNA如何工作的关键，只有掌握双螺旋知识才能理解DNA如何工作。麦克斯韦方程组（Maxwell's equations）一点儿也不像电磁场，二者虽然适用域不同，但工作原理却是一样的。因此，麦克斯韦方程是用以描述电磁场的模型。

到底用商业模型还是用比例模型，取决于具体的使用目的是什么。我非常了解麦克斯韦方程组，而且我确切知道，依据麦克斯韦模型，电流无处不在（电线除外）。麦克斯韦指出，电线的唯一作用是决定电磁场的边界。不过，我的小孩要去碰插座时，我不会大叫："别碰，会变成电磁场边界的。"相反，我喊的时候会使用比例模型："别碰，会被电到的。"这种场合下，使用比例模型更合适。

现在在做决策，尤其是商业决策时，获取知识不再是问题，商业模型和比例模型在网上很容易找到（不过，哪个是商业模型哪个是比例模型很难分得清），难的是如何根据场合选择有效知识，也就是要证明哪种知识有效很困难。[7]因为没有办法知道新知识、新商业模型和新比例模型的一般有效域是什么。另外，新知识、新商业模型和新比例模型的来源完全可信的情况很少。互联网的最大问题是，过去真实可靠的信息来源，比如英国的《不列颠百科全书》和德国的《布罗克豪斯百科全书》，不适应网络时代，其网络版还没有达到印刷版那样的权威。网络版之所以权威性不高，一方面是因为网络出现的时间不长，还未建立公认的质量控制体系，为网络版的《不列颠百科全书》和《布罗克豪斯百科全书》把好质量关；另一方面，权威可靠的纸质版还未自动转成网络版。主流网络哲学是信息完全自由，信息质量自我管理。因此可以说，网络本身就是反权威的。有总编辑的网站也是如此。当今世界，网络瞬息万变，很难有非常稳定可靠的信息来源。

很长一段时间，匈牙利维基百科关于我的介绍一直包含下列信息：女儿雷卡·萨博是一名数学家、罗兰大学副教授、独立舞蹈团团长。[8]但实际上，雷卡·萨博并不在罗兰大学工作，而是在布达佩斯技术与经济大学工作，而且她不是我女儿。我的确在她的舞蹈作品《机会》中表演了10年，但不是因为我会跳什么优美的舞步，而是因为这个舞蹈作品中有数学家就随机性这个题目演讲这一内容。

几年前的一次晚会上，我提起维基百科的这一错误，作为证明它不可信的证据。晚会上的其他人都是维基百科的忠实拥趸，很不高兴我对它发出质疑。但我第二天注意到，维基百科上关于我的那部分信息已经被纠正了。维基百科的运作就是这样，非常随机。依据哥德尔不完全性定理，我们不可能有可信的知识证明知识来源的可信度问题。

我自己也经常使用维基百科查资料，不过我不是完全信任上面的信息。另外，我还注意到，维基百科给出的参考文献的质量也是参差不齐。涉及重要信息时，我会尽力用其他文献对维基百科参考

第十三章　可转化知识

文献加以证实。像第七章"不可预测事件的数学模型"提到拉瓦锡最后一次实验时，我就是这么处理的。尽管这个实验至多是个都市传说，但在很多网站都可以查到。

孙辈遇到的奇迹

我们的孙辈将继续过着温和世界的日常生活，但是疯狂世界的伪奇迹还是会偶尔出现，而且规模会变大。我们现在视为奇迹的可能会成为他们温和世界日常生活中的一部分，就像电视、手机、心脏导管、汽车、航空旅行曾经成为我们生活的一部分一样。很快，基因改造和可再生资源也会成为我们生活的一部分。伪奇迹会成为孙辈那个时代的奇迹，不仅我们这一代无法预测伪奇迹，孙辈这一代也无法预测伪奇迹。真正的奇迹也会出现在我们孙辈的生活中，不过，那个时候科学会向前发展，会突破现在的界限。当然，超验奇迹对他们那一代而言仍然会是神话和信仰。

他们那一代肯定会遇到负面的黑天鹅大事件，也就是负面奇迹。我们如何才能帮他们应对负面奇迹呢？我们无法替他们解决这些问题，这一点非常明确。认为我们这一代能替他们解决这些问题，只是妄想。疯狂世界的性质决定了我们这一代无法知道他们那一代人会遇到什么严峻问题。我们现在处理的一些问题，比如全球气候变化问题、小行星的剧烈撞击问题和油田无油问题，他们那一代可能会将其引为证据，证明爷爷辈的人多么缺乏想象力。

我们无法提前解决孙辈可能遇到的疯狂世界危机，让他们尽量富有最能帮助他们。这样一来，他们就能有充足的资源去培训成千上万拥有可转化知识的各领域的专家，这些专家有可能解决掉那些需要解决的问题。更为重要的是，他们能有一个有价值的废物堆，可以帮助他们在危机后恢复。我们无法阻止他们那一代遇到疯狂世界危机，但是我们可以给他们留下一些有效的商业模型和比例模型。我们现在的科学是给孙辈那代人创造出的废物堆，既有个人废物堆，也有整个社会的废物堆。

我们不知道未来会发生什么，但是我们要自己决定未来的发展方向。我们要自己想方设法努力解决我们这个时代的问题。本书提到的几种解决问题的方法是：掌握疯狂世界一些更加深奥的规则（比如，把标度不变性的有效域定为自然规则），了解潜意识的混沌性，发展反脆弱科学，找出更有效的方法传播可转化知识，等等。

第一部分结尾处提到一个真正奇迹的例子，即我表姐突然被洋甘菊膏药治愈的故事。我讲这个故事不是为了羞辱现代医学知识。从古代起，人们很早就知道洋甘菊有药用价值。不过，即使是几百年前，顽固皮肤瘙痒病仍旧是难以治愈的病。随着医学的进步，出现了治疗这种病的药品，人们也更加重视个人卫生（这一点更重要），这种病已经可以治愈。我表姐被治愈这件事 100 年前不会被视为奇迹，100 年后也不会被视为奇迹。但依据现在的科学发展水平，我表姐被治愈的确是个小奇迹。为此，我们应该感谢祖先，因为祖先创造出了今天的科学废物堆，才治愈了我的表姐。我们这一代应该宁要富人的废物堆，也不要穷人的房子。

未来的奇迹是不可预测的。有些事我们现在觉得完全平常，并

第十三章 可转化知识

不是什么奇迹;有些事我们现在认为是奇迹,孙辈也会认为是奇迹。因为,尽管有的东西可能具有唯一性和不可重复性,但它们会重现,重新发生时会像上次一样具有唯一性和不可重复性。最为重要的是,会发生一些我们现在根本想象不到的奇迹。奇迹的逻辑就是不可预测的逻辑,这是种新逻辑,我们才刚刚开始了解。

后 记

2006年,我在德国柏林时身上发生了奇迹。我以为我了解柏林,起码了解德国东部。因为少年时代,我暑假都待在当时的民主德国首都。我特别喜欢这个城市的氛围,这个城市现在跟当年一样都是灰色调。几年后,即2006年,走在东西合并后的熟悉的街道上,我看到一块指向大屠杀纪念馆(Holocaust Memorial)的路标,感到很好奇,就想走到纪念馆去看看。之前,我没听说过大屠杀纪念馆在设计和建造方面有什么争议,也不知道纪念馆什么样。

我沿着路标走着走着,路标突然不见了。纪念馆在哪里?我没找到。没办法,我又转回到刚才见过的最后一个路标那里,顺着箭头重新走,结果最后还是没看见纪念馆。我很迷惑。德国人做事一丝不苟,跟着路标走却见不到纪念馆,这不像德国人的做事风格啊。很早以前,我曾经在德国一个海边疗养院待过。那里每条街道都有路标,标着箭头和"海边"字样。当我顺着路标走,最后来到北海海边的时候,感到特别惊喜。当时,连海岸上也竖着个写着

"大海"字样的路标。

但现在，我顺着路标走，没走到纪念馆，却走进了一个灰色的混凝土石板群里。走在这些混凝土石板中间，过了很长时间我才意识到，其实我已经在纪念馆中了：我身边2 500多个高低不同、一模一样的矩形墩组成的"丛林"，就是大屠杀纪念馆。纪念馆外围矩形墩不到8英寸（约20厘米）高，中央矩形墩约有15英尺（4.6米）高。水泥墩群像个迷宫，我走在中间，有点阴森害怕，感觉像在玩吓人的射击游戏，随时担心角落里遇到什么可怕的东西。

图23. 柏林大屠杀纪念馆

我对柏林大屠杀纪念馆印象最深刻的是，它位于柏林市正中央位置，那可能是柏林市最贵的地段。几百米远，是勃兰登堡门；

后 记

拐角处，是一家高档酒店；而我的头顶上则飞过德国著名导演维姆·文德斯的电影《柏林苍穹下》里的天使。德国人把至少4个街区的黄金地段用于建造这个阴森的迷宫。

刚才还感觉阴森，但在里面走着走着，我心中不由得有了其他感觉。作为犹太人后裔，走在这么多矩形墩之间，我并没有什么感触。让我深受触动的是纪念馆的建造者对当年的大屠杀感到的耻辱感。屠杀发生60年后，在首都中央地段建造大屠杀纪念馆，建造者需要有很大的精神力量和人格力量，我不得不赞叹一下建造者的勇气。

然后，奇迹发生了。我突然感觉自己爱这些建造纪念馆的德国人。我一直都很尊敬巴赫、歌德和高斯这样的德国人，但没想到有一天自己会爱上这个屠杀了差不多我整个家族成员的国家。我父亲从大屠杀中存活下来，他后来一直活到87岁高龄。他有一次说，不确切地知道我们这个家族的人是否容易长寿，因为其他人都不是自然死亡，而是死于屠杀。这并不让我特别恨德国人，但我觉得我也绝不可能爱德国人。

而现在我的确爱上屠杀自己家人的德国人了，这可以被视为一种超验奇迹。我爱上屠杀自己家人的人，这起码是一种真正的奇迹，因为现代心理学无法解释我是如何形成这种情感的。爱情某种程度上可以从心理学角度加以解释（尽管我不知道用哪个成熟的科学理论进行解释），因此，我倾向于认为爱情也是一种真正的奇迹。不过，如果有什么科学理论能解释我为何心情会彻底改变，我还是很想听一听。

纪念馆一角的地下博物馆里，写有当年被德国屠杀的那些已经知道名字的犹太人名单，一个接着一个，共400多万个名字，非常详细，体现出德国人一丝不苟的做事精神。我没有被这个打动，甚至没想过从里面找找自己家人的名字。看完后，我回到水泥墩群，心中再次涌起一种奇怪的感觉。这个地方不是为被屠杀的犹太人而建，更不是为屠杀者而建，纪念馆是为耻辱而建。纪念馆让我发自肺腑地相信（不只在精神上这么认为），德国人正视了自己所犯过的可怕罪行，没有佯称时间会治愈一切创伤，没有否认自己犯下的罪行，也没有为自己的罪行辩解。纪念馆会一直提醒德国人，借用犹太作家弗兰兹·卡夫卡长篇小说《审判》（*The Trial*）里的最后一句话："他们死去了，但这种耻辱应该留在人间。"

纪念馆也是一种反脆弱表现，只是这沉重的一击不是来自对手，而是来自德国人自己。纪念馆的外观是智力简单化的又一例证。除了厄尔诺·鲁比克、艾伦·麦克阿瑟和哈利·波特，我的经历也说明了，坚持不懈和专业工作可以让奇迹发生，智力简单化和反脆弱也可以让奇迹反生。奇迹已经是我们所生活的这个世界的一个有机组成部分，这不足为奇。

注　释

第一章　何为奇迹

1. 引自 Russo and Schoemaker (1990), p. 223。两位作者指出，故事可能是不可信的，据说沃森是这么说的："就因为某个人犯一次错就对人横加指责，这么做我不敢苟同。如果这个人对一件事进行了充分的思考，说明他是在尽力做好这件事，结果还是做错了的话，我还是愿意原谅这种错误。"
2. See, for example, Gelderblom and Rouwenhorst (2005).
3. Gladwell (2009), p. 75 n.
4. 更多的例子请看 Taleb's arrogance, see Taleb (2010), pp. xxxii, 37, 44, 274–276。
5. 被马丁努斯·比伯拉赫引用并被马丁·路德改编的这首诗，参见网址 https://en.wikipedia.org/wiki/Martinus_von_Biberach。

6. Alfred, Lord Tennyson: "In Memoriam." https://rpo.library.utoronto.ca/poems/memoriam-h-h-obiit-mdcccxxxiii-all-133-poems.

7. Hofstadter (1979), p. xxi.

8. Ottlik (1966), p. 271.

9. Mullins and Kiley (2002).

10. Ottlik (1994), pp. 308–309, translation by Márton Moldován.

第二章 温和世界和疯狂世界

1. 参看 http://science.howstuffworks.com/life/inside-the-mind/human-brain/einsteins-brain.htm or http://en.wikipedia.org/wiki/Albert_Einstein%27s_brain。

2. 正态分布的准确公式和数学统计学的基本概念，可参考 Schervish（1998）和 Shao（2008）。

3. 分布除了平均值和标准差外，还有其他特征。比如，标准差无法描述双峰分布中的双峰情况。不过，有意义的双峰不太常见，但标准差却肯定是分布的基本特征。

4. 请参看 Mandelbrot and Hudson (2004), pp. 37–39。

5. 关于柯西分布，请参看 Forbes et al. (2010) and Jondeau et al. (2007)。

第三章 奇迹之源：哥德尔思想

1. Hofstadter (1979), p. 17。本书引用的是原定理。

注 释

2. 关于哥德尔定理的哲学背景,请参看 Copi and Gould（1968）。关于数学的局限性,可以参看 Chaitin（2002）。

3. Lem（1985）.

4. Ibid., p. 194.

5. Borges（1988）.

6. 关于针对哥德尔不完全性定理的完整的证明,可以参看 Hofstsdter（1979）第 4~8 章,和 Nagel and Newman（1983）。

7. 比如,在传统的集合论公理系统中,所谓的连续统假设（continuum hypothesis）被证明是哥德尔式的假设（Cohen 1966）。

8. Robinson（1996）; Goldblatt（1998）.

9. Robinson（1996）.

10. 参看 http://commenting-the-commentaries.blogspot.com/2007/05/johnny-von-neumann-jacob-bronowki.html。

11. 关于牛顿患自闭症,参看 http://news.bbc.co.uk/2/hi/health/2988647.stm；关于牛顿患双相障碍,参考 http://www.famousbipolarpeople.com/isaac-newton.html；关于牛顿患偏执型精神障碍,参看 http://www-history.mcs.st-and.ac.uk/Biographies/Newton.html。

第四章　正态分布的力量

1. 他比较著名、至今仍在出版的一本书是 Galton（1874/2008）。

2. 请参看 https://en.wikipedia.org/wiki/Invictus。

3. 请参看 Mueller and Joshi (2000) and Doney and Mailer (2002)。

4. 请参看 Adams (2009)。

5. 关于生物统计学，请参看 Lewis (1984)。

第五章　温和世界的极端值

1. http://www.census.gov/hhes/www/cpstables/032011/hhinc/new06_000.htm.

2. 关于中心极限定理，请参看 Adams (2009)。

3. 比如，Diamond and Saez (2011) 和 Simonovits (2015) 用指数为 2 的帕累托分布对收入分布进行了描述。

4. Koch (1999).

5. 关于图书销售量的百分比，参看 Taleb (2010)，pp. 235–236。

6. Forbes et al. (2010).

7. 关于希尔伯特列的清单，参看 http://mathworld.wolfram.com/HilbertsProblems.html, http://en.wikipedia.org/wiki/Hilbert's_problems. Mandelbrot (1999)。

第六章　均衡之源

1. 关于各种证明的简述，参看网址 http://en.wikipedia.org/wiki/Brouwer_fixed-point_theorem。

2. Granas and Dugundji (2003); Border (1989).

注 释

3. Smith（1776/2014），book 1，chapter 2；book 4，chapter 2．

4. Arrow and Hahn（1971）；Mandler（1999）；Kornai（1971）；雅诺什·科尔奈运用同样的数学工具，提出与均衡理论的观点完全相反的反均衡理论。

5. 可以参考：Bodie et al.（2001）；Kohn（2003）；Mishkin（2001）。

6. Dunbar（2000），pp. 100–108；Malkiel（2003）；Bernstein（1998）．

7. Black（1995）．

8. 参看 Mandelbrot and Hudson（2004），p. 64，and Lim et al.（2006），p. 67。

9. 布莱克-斯科尔斯计算器的网址是：http://www.fintools.com/resources/online-calculators/options-calcs/options-calculator/。

10. Black（1989），p. 7．

11. Ibid．

12. Mandelbrot and Hudson（2004）；Dunbar（2000），p. 93．

13. Mandelbrot（1999）．

第七章　不可预测事件的数学模型

1. 关于催眠研究，参看 Nash and Barnier（2012）。

2. https://en.wikipedia.org/wiki/Double_pendulum．

3. http://en.wikipedia.org/wiki/Butterfly_effect．

4. 格雷克（2008）出版了一本混沌理论方面的通俗科学读物；斯图尔特（2002）更多地从数学角度谈论了混沌理论；科特勒和卡斯林（2009）谈论了混沌理论的商业应用。

5. Dietrich（2002）; Zdenek（1993）.

6. Molnár（2001）; Damiani（2010）.

7. 引自 Dunbar（2000）, p.1。

第八章　标度不变性

1. 上方是1周和1小时曲线，下方是1天和5分钟曲线。资料来自嘉伍佰公司。

2. 图18使用的全色漂亮的动画来自网址：https://www.youtube.com/watch?v=zXTpASSd9xE#t=550.461。

3. 关于分形的经典著作，请参看 Mandelbrot（1983）。关于分形的历史，参看 Mandelbrot（2002）。其他学术著作有 Falconer（2003）、Schroeder（2009）和 Sprott（1993）。关于漂亮的分形图，参看 Lesmoir-Gordon and Edney（2005）和 Peitgen and Richter（1984）。

4. Pratt and Lambrou（2013）; Freeman（1991）; Hagerhall et al.（2004）; Taylor et al.（2011）.

5. 参看 Barabási（2002）, Csermely（2009）, and Palla et al.（2007）。

6. 关于保罗·莱维，参看 Mandelbrot and Hudson（2004）, pp.169–172。

7. Ibid., pp.160, 161–162.

8. Barabási and Albert（1999）.

9. After Taleb（2010）, chapters 14–17.

10. Granovetter（1973）.

11. Csermely（2009）, p.vii. 译自匈牙利版第9页（这句话英文版错译）。

注　释

第九章　疯狂等级

1. Mandelbrot and Hudson（2004），pp. 242–244.
2. Newman（2010）。
3. 最常见的指数是帕累托指数，请参看 Adamic and Hubeman（2002）；Simonovits（2015）；Newman（2005）；Diamond and Saez（2011）。
4. Lazear（1997）。
5. 关于瑞士公投，请参看 http://www.wsj.com/articles/SB10001424052702304011304579217863967104606。
6. 为方便更懂数学的人读懂，曼德勃罗系数 1 对应的是帕累托指数 2。
7. Newman（2005）。
8. 目前最常用的模型是风险价值模型（value at risk, VaR）。参看 Jorion（2006）和 McNeil et al.（2005）。

第十章　疯狂世界的生活

1. 关于混沌边界问题，请参考 Cohn（2001）和 Kauffman（1993）。
2. Keynes（2000），p. 80.
3. Based on Taleb（2010）.
4. Buckingham and Coffman（1999）; Prahalad（2004）.
5. 如果想了解更多用正态分布曲线表示正态分布曲线尾巴部分的模

型，请参看 Novak（2011）。

6. 关于大统一理论，请参看 Hawking（1998）和 Ellis（2002）。

7. Orwell（2017），p. 34.

8. Ibid.

9. Ibid.

10. Keynes（2000），p. 80.

第十一章　适应疯狂世界

1. Taleb（2010），p. 203.

2. 关于比较优势原则，参看 Samuelson and Nordhaus（2009）和 Heyne（2013）。

3. Gladwell（2008），pp. 23–42.

4. Merton（1968）.

5. 关于皮格马利翁效应，参看 Rosenthal and Jacobson（1968）。

6. 这次谈话是否真实发生，参见 http://en.wikiquote.org/wiki/Michael_Faraday#Disputed。

7. York（2009）.

第十二章　反脆弱

1. 塔勒布列子中的海德拉，参见 Taleb（2012），P. 34。

2. Gladwell（2009），p. 56.

注　释

3. 关于自我组织性，参见 Camazine（2003），Kauffman（1993），Bak（1996），和 Haken（2010）。
4. 关于瑞典案例，参看 Soros（2008）.

第十三章　可转化知识

1. Casanova（2001）.
2. 世界排名前 50 的商业思想家半年度人物名单，请参考 http://www.thinkers50.com。
3. Saylor（2010），p. 48.
4. 关于轨迹记忆法，参考 Mérö（1990），p. 107，或参考网站 http://en.wikipedia.org/wiki/Mnemonic。
5. Luria（1987），p. 12.
6. 《北国风云》第三季第 3 集《哦，荒野》。
7. Dörfler, Baracskai, and Velencei（2015）; Iyengar（2011）; Kotter（2012）; Friedman（2005）.
8. 这篇介绍的历史网页里还能看到这些信息。

参考文献

Adamic, L. A., and B. A. Huberman. 2002. "Zipf's Law and the Internet." Glottometrics 3:143–150.

Adams, W. J. 2009. The Life and Times of the Central Limit Theorem. Ameri can Mathematical Society.

Anderson, C. 2008. The Long Tail: Why the Future of Business Is Selling Less of More. Hachette Books.

Arrow, K. J., and F. H. Hahn. 1971. General Competitive Analysis. Holden Day.Bak, P. 1996. How Nature Works. Copernicus.

Barabási A.-L. 2002. Linked: How Everything Is Connected to Everything Else and What It Means. Plume.

Barabási, A.-L., and R. Albert. 1999. "Emergence of Scaling in Random Networks." Science 286, no. 5439:509–512.

Bernstein, P. L. 1998. Against the Gods: The Remarkable Story of Risk. Wiley.

Black, F. 1989. "How We Came Up with the Option Formula." Journal of Portfolio Management (Winter).

———. 1995. Exploring General Equilibrium. MIT Press.

Bodie, Z., A. Kane, and A. J. Marcus. 2001. Investments. McGraw-Hill. Border, K. C. 1989. Fixed Point Theorems with Applications to Economics and Game Theory. Cambridge University Press.

Borges, Jorge Luis. 1988. Collected Fictions. Tr. Andrew Hurley. Penguin.

Bronowski, J. 2011. The Ascent of Man. BBC Books.

Buchholz, T. G. 2008. New Ideas from Dead Economists. Plume.

Buckingham, M., and C. Coffman. 1999. First, Break All the Rules. Pocket Books.

Camazine, S. 2003. Self-Organization in Biological Systems. Princeton Uni versity Press.

Casanova, G. 2001. The Story of My Life. Penguin Classics.

Chaitin, G. 2002. The Limits of Mathematics. Springer.

Cohen, P. J. 1966. Set Theory and the Continuum Hypothesis. AddisonWesley.

Cohn, N. 2001. Cosmos, Chaos, and the World to Come. Yale University Press.

Copi, I. M., and J. A. Gould. 1968. Contemporary Readings in Logical The ory. Macmillan.

Csermely, P. 2009. Weak Links: The Universal Key to the Stability of Networks and Complex Systems. Springer.

Damiani, G. 2010. "The Fractal Revolution." Biology Forum 103:151–190.

Diamond, P. A., and E. Saez. 2011. "The Case for a Progressive Tax: From Basic Research to Policy Prescriptions." Journal of Economic Perspectives 23, no. 4:165–190.

Dietrich, A. 2002: "Functional Neuroanatomy of Altered States of Consciousness." Consciousness and Cognition 12:231–256.

Doney, R. A., and R. A. Mailer. 2002. "Stability and Attraction to Normal ity for Lévy Processes at Zero and at Infi nity." Journal of Theoretical Probability 15:751–792.

Dörfl er, V., Z. Baracskai, and J. Velencei. 2015. "Mashup Content for Pas sionate Learners: Bridge between Formal and Informal Learning." In Economics and Communication, ed. M. Herzog, pp. 105–129. GITO. http://strathprints.strath.ac.uk/55423/.

Dunbar, N. 2000. Inventing Money: The Story of Long-Term Capital Man agement and the Legends behind It. Wiley.

Ellis, J. 2002. "Physics Gets Physical." Nature 415:957.

Falconer, K. 2003. Fractal Geometry. Wiley.

Ferguson, N. 2009. The Ascent of Money: A Financial History of the World. Penguin Books.

Forbes, C., M. Evans, N. Hastings, and B. Peacock. 2010. Statistical Distri butions. Wiley.

Freeman, W. 1991. "The Physiology of Perception." Scientific American 272:78–85.

Friedman, T. 2005. The World Is Flat: A Brief History of the Twenty-first Century. Farrar, Straus and Giroux.

Galton, F. 1874/2008. English Men of Science: Their Nature and Nurture.Kessinger.

Gelderblom, O., and K. E. Rouwenhorst. 2005. "Amsterdam as the Cradle of Modern Futures Trading and Options Trading." In The Origins of Value: The Financial Innovations That Created Modern Capital Markets, ed. W. N. Goetzmann and K. E. Rouwenhorst. Oxford University Press.

Gladwell, M. 2008. Outliers: The Story of Success. Little, Brown.

———. 2009. What the Dog Saw: And Other Adventures. Little, Brown.

Gleick, J. 2008. Chaos: Making a New Science. Penguin Books.

Goldblatt, R. 1998. Lectures on the Hyperreals. Springer.

Granas, A., and J. Dugundji. 2003. Fixed Point Theory. Springer.

Granovetter, M. S. 1973. "The Strength of Weak Ties." American Journal of Sociology 78, no. 6:1360–1380.

Hagerhall, C. M., R. Purcell, and R. Taylor. 2004. "Fractal Dimension of Landscape Silhouette Outlines as a Predictor of Landscape Preference." Journal of Environmental Psychology 24:247–255.

Haken, H. 2010. Information and Self-Organization. Springer.

Hawking, S. 1998. A Brief History of Time. Bantam.

Heyne, P. 2013. The Economic Way of Thinking. Pearson.

Hofstadter, D. R. 1979. Gödel, Escher, Bach: An Eternal Golden Braid. Basic Books.

Iyengar, S. 2011. The Art of Choosing. Twelve.

Jondeau, E., S.-H. Poon, and M. Rockinger. 2007. Financial Modeling un der Non-Gaussian Distributions. Springer.

Jorion, P. 2006. Value at Risk: The New Benchmark for Managing Financial Risk. McGraw-Hill.

Kauffman, S. A. 1993. The Origins of Order. Oxford University Press.

Keynes, J. M. 2000. A Tract on Monetary Reform. Prometheus. Originally published 1923.

Kindleberger, C. P. 2011. Manias, Panics and Crashes. Palgrave Macmillan.

Koch, R. 1999. The 80/20 Principle. Crown Business.

Kohn, M. 2003. Financial Institutions and Markets. Oxford University Press.

Kornai, J. 1971. Anti-Equilibrium: On Economic Systems Theory and the Tasks of Research. North-Holland.

Kotler, P., and J. A. Caslione. 2009. Chaotics: The Business of Managing and Marketing in the Age of Turbulence. AMACOM.

Kotter, J. 2012. Leading Change. Harvard Business Review Press.

Kun, M., and F. Szakács. 1997. Az intelligencia mérése (Measuring Intel ligence). Akadémiai Kiadó.

Lazear, E. P. 1997. Personnel Economics for Managers. Wiley.

Lem, S. 1985. The Cyberiad. Tr. Michael Kandel. Harcourt, Brace.

Lesmoir-Gordon, L., and R. Edney. 2005. Introducing Fractals: A Graphic Guide. Icon Books.

Lewis, A. E. 1984. Biostatistics. Van Nostrand Reinhold.

Lim, T., A. Wen-Chuan Lo, R. C. Merton, and M. S. Scholes. 2006. The Derivatives Sourcebook. Now Publishers.

Luria, A. R. 1987. The Mind of a Mnemonist. Harvard.

MacRae, N. 1992. John von Neumann. Pantheon Books.

Malkiel, B. G. 2003. A Random Walk down Wall Street. W. W. Norton.

Mandelbrot, B. 1983. The Fractal Geometry of Nature. W. H. Freeman.

———. 1999. "A Multifractal Walk down Wall Street." Scientific American 280:70.

———. 2002. A Maverick's Apprenticeship. Imperial College Press.

Mandelbrot, B., and R. L. Hudson. 2004. The (Mis)behavior of Markets.Basic Books.

Mandler, M. 1999. Dilemmas in Economic Theory. Oxford University Press.

McNeil, A., R. Frey, and P. Embrechts. 2005. Quantitative Risk Manage ment. Princeton University Press.

Méro", L. 1990. Ways of Thinking. World Scientific.

参考文献

―――. 1998. Moral Calculations. Copernicus.

―――. 2009. Die Biologie des Geldes. Rowohlt.

Merton, R. K. 1968. "The Matthew Effect in Science." Science 159: 56–63.

Mishkin, F. S. 2001. The Economics of Money, Banking, and Financial Mar kets. Addison-Wesley.

Molnár M. 2001. "Low-Dimensional versus High-Dimensional Chaos in Brain Function—Is It an And/Or Issue?" Behavioral and Brain Sci ences 24: 823–824.

Mueller, L. D., and A. Joshi. 2000. Stability in Model Populations. Princeton University Press.

Mullins, G., and M. Kiley. 2002. "It's a PhD, Not a Nobel Prize: How Ex perienced Examiners Assess Research Theses." Studies in Higher Educa tion 27, no. 4: 369–386.

Nagel, E., and J. R. Newman. 1983. Gödel's Proof. New York University Press.

Nash, M., and A. Barnier. 2012. The Oxford Handbook of Hypnosis: Theory, Research, and Practice. Oxford University Press.

Newman, M. E. J. 2005. "Power Laws, Pareto Distributions and Zipf's Law." Contemporary Physics 46: 323–351.

―――. 2010. Networks: An Introduction. Oxford University Press.

Novak, S. Y. 2011. Extreme Value Methods with Applications to Finance.

Chapman and Hall /CRC Press.

Orwell, George. 2017. 1984. Houghton Miffl in Harcourt.

Ottlik, Géza. 1966. School at the Frontier. Harcourt, Brace and World.

———. 1994. "Két mese: Az utolsó mese" (Two Tales: The Last Tale), in Hajnali házteto"k, Minden megvan (Rooftops at Dawn, Nothing Is Lost). Európa kiadó.

Palla G., A.-L. Barabási, and T. Vicsek. 2007. "Quantifying Social Group Evolution." Nature 446:664 – 667.

Peitgen, H.-O., and P. H. Richter. 1984. The Beauty of Fractals. Springer.

Prahalad, C. K. 2004. The Fortune at the Bottom of the Pyramid: Eradicating

Poverty through Profits. Wharton School Publishing.

Pratt, G., and P. Lambrou. 2013. Code to Joy. HarperOne.

Robinson, A. 1996. Non-Standard Analysis. Princeton University Press.

Rosenthal, R., and L. Jacobson. 1968. Pygmalion in the Classroom. Holt, Rinehart and Winston.

Russo, J. E., and P. J. H. Schoemaker. 1990. Decision Traps. Simon and Schuster.

Samuelson, P. A., and W. D. Nordhaus. 2009. Economics. McGraw-Hill. Saylor, S. 2010. Empire: The Novel of Imperial Rome. St. Martin's Press.

Schervish, M. J. 1998. Theory of Statistics. Springer.

Schroeder, M. 2009. Fractals, Chaos, Power Laws. Dover Publications. Shao, J. 2008. Mathematical Statistics. Springer.

Simonovits, A. 2015. "Socially Optimal Contribution Rate and Cap in Pro portional Pension Systems." Portuguese Economic Journal 14:45–63.

Smith, A. 1776/2014. An Inquiry into the Nature and Causes of the Wealth of Nations. Create Space.

Soros, G. 2008. The Crash of 2008 and What It Means: The New Paradigm for Financial Markets. Public Affairs.

Sprott, J. C. 1993. Strange Attractors: Creating Patterns in Chaos. M&T Books.

Stewart, I. 2002. Does God Play Dice? The New Mathematics of Chaos. Wiley-Blackwell.

Taleb, N. N. 2005. Fooled by Randomness. Penguin Books.

———. 2010. The Black Swan: The Impact of the Highly Improbable. Ran dom House.

———. 2012. Antifragile. Random House.

Taylor, R., B. Spehar, P. Van Donkelaar, and C. M. Hagerhall. 2011. "Per ceptual and Psychological Responses to Jackson Pollock's Fractals."

Frontiers in Human Neuroscience 5:1–13.

Zdenek, C. C. 1993. The Fractal Nature of Human Consciousness. http://www.cejournal.org/GRD/zdenek.pdf

致　谢

感谢以下各位给予我的各种帮助：巴拉斯·奥采尔、凯塔·巴卡、伊娃·班耶、佐尔坦·巴拉克斯卡伊、朱迪特·博克、佐尔坦·布兰特、安德拉斯·切勒、彼得·法布里、佐尔坦·加斯、彼得·盖勒瑞、丹尼尔·冈斯、玛塔·哈德哈兹、凯特琳·考曼、巴拉斯·卡拉法耶斯、埃里卡·科瓦奇、伊娃·科瓦奇舍兹、桑多·库奇、加博尔·利格特、巴林特·马德洛维克斯、贝拉·玛丽安、金戈·马萨伊、阿伯斯托利斯·马弗拉马蒂斯、乔巴·默罗、凯特琳·梅尔·梅迪奥克里斯坦，维拉·梅洛，安娜·帕夫洛，阿提拉·波尔、埃斯特·拉奇、安德拉斯·西莫诺维奇、托马斯·赛普斯、克里斯蒂娜·萨芒伊、伊斯特凡·萨默斯克奇、加博尔·萨斯、雅诺什·萨斯、朱萨娜·斯维特尔斯基、朱萨娜·塔卡斯、彼得·塔特瑞、安德拉斯·特尔斯、盖博·特尔斯、凯特琳·瓦尔加、塔马斯·瓦尔加、扎德尼·维克斯和乔兰·维尔斯。

我要特别感谢约瑟夫·本茨，最后版本的图表都由他制作。我还要感谢一位编辑（这是位不愿透露姓名的幕后编辑）对本书进行了细致全面的文字编辑工作。感谢耶鲁大学出版社的威廉·弗鲁赫特，感谢他对本书手稿的细致阅读和细心编辑；感谢耶鲁大学出版社的卡伦·奥尔森，本书手稿做成编辑版本时，她给了我极大的帮助和支持；感谢安-玛丽·安伯诺妮，本书的编辑和出版离不开她的辛勤工作。感谢马顿·莫尔德文将此书译成英文，感谢戴维·克拉默对马顿英文译本的文字润色，以及他对本书许多模糊或不准确的措辞的修改，正因为戴维·克拉默出色的文字功底，才使此书更加准确、清楚和易读，同时令本书的愉悦性也得以大大提高。